図説 スイスの歴史

踊 共二

河出書房新社

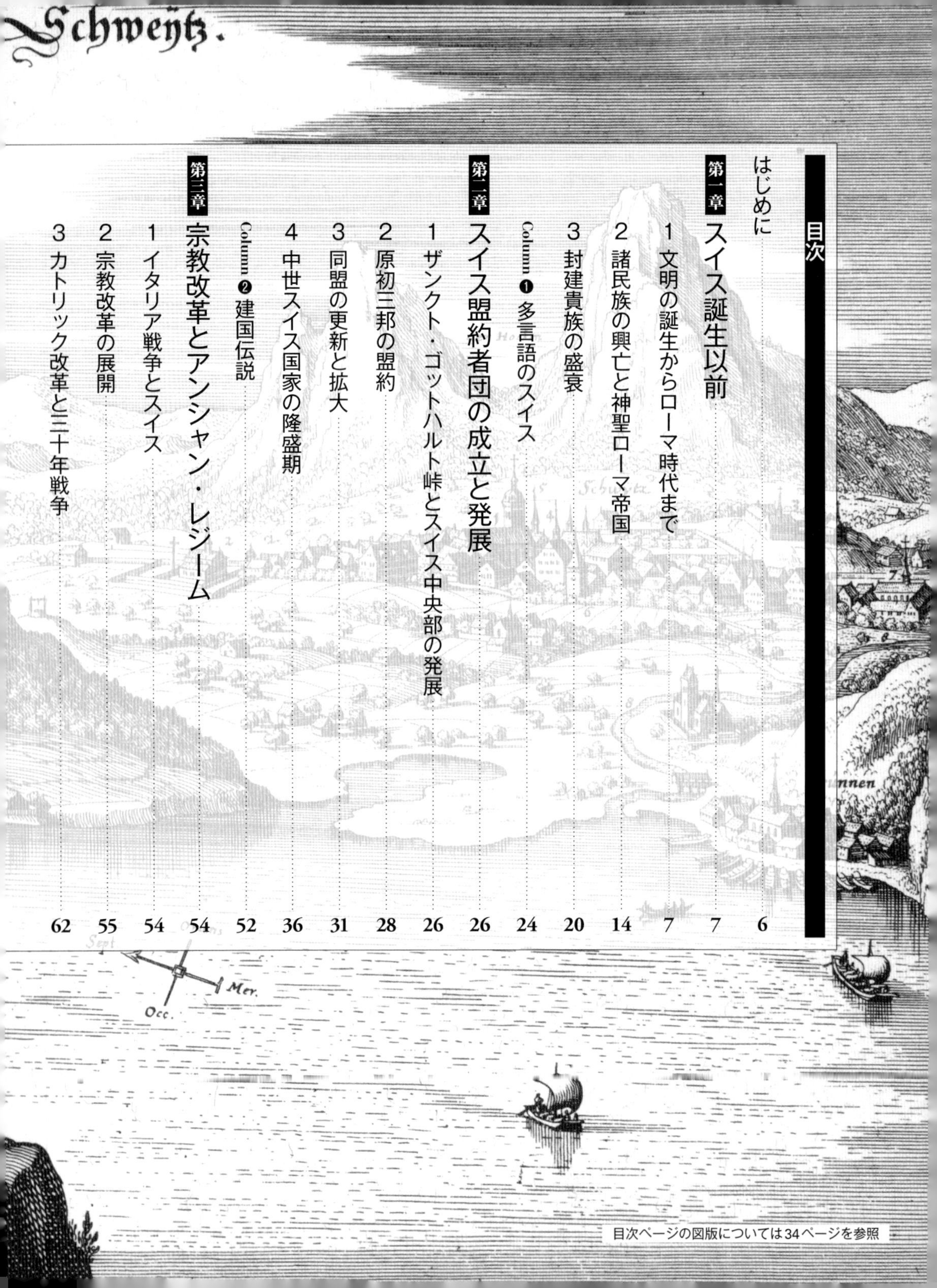

目次

目次ページの図版については34ページを参照

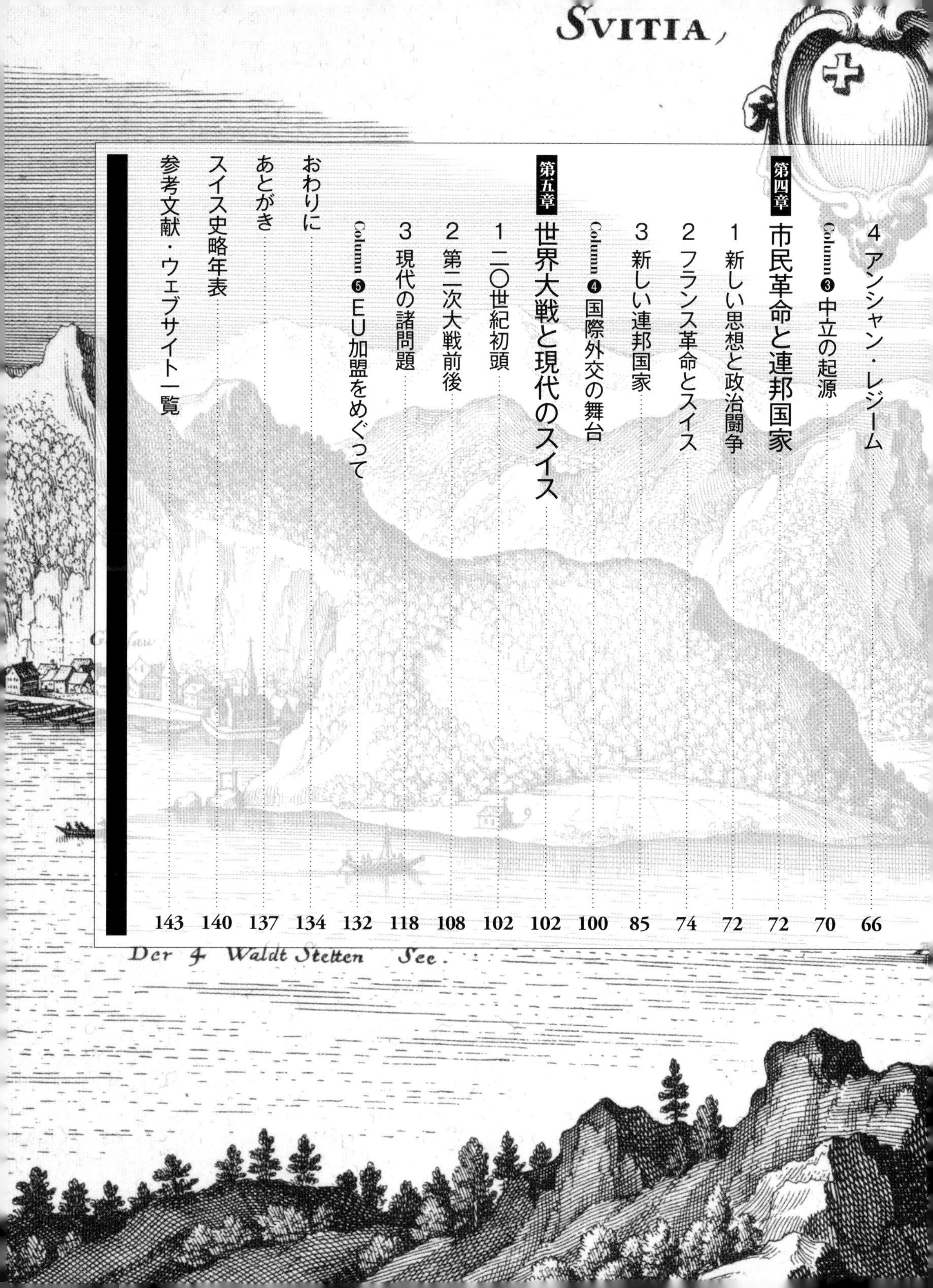
SVITIA
Der 4 Waldt Stetten See.

バーデン·ヴュルテンベルク
ビーベラハ
イラー川
ミュンヘン
ドナウ川
アマー湖
メミンゲン
カウフボイレン
シュタルンベルク湖
ドイツ
レヒ川
ユーバーリンゲン
ラードルフツェル
ラーフェンスブルク
ケンプテン
ライヒェナウ
コンスタンツ
ボーデン湖
フュッセン
フラウエンフェルト
リンダウ
ヴァインフェルデン
アルボン
ブレゲンツ
クローテン
ザンクト·ガレン
ヴィール
2963
ウスター
ヘリザウ
アペンツェル
フォアアルルベルク
アルゴイ·アルプス
チューリヒ湖
フェルトキルヒ
2646
ゼンティス山
2502
オーストリア
インスブルック
ラッパースヴィル
ツーク
アインジーデルン
ヴァーレン湖
リヒテンシュタイン
イン川
チロル地方
ブックス
ファドゥーツ
ランデック
キュスナハト
アルルベルク峠
レヒタール·アルプス
グラールス
シュヴィーツ
バート·ラガツ
マイエンフェルト
ブレンナー峠
アウヴァルトシュテッテ湖
レティコン山地
エッツタール·アルプス
3511
リンタール
アルトドルフ
グラールス·アルプス
3774
クール
アローザ
ダヴォス
シュクオル
イランツ
3620
テディ山
ブレッサノネ
フォルダーライン川
トゥージス
ツェルネッツ
キューザ
ミュスタイア
アンダーマット
エンガディン谷
イン（エン）川
レティケ·アルプス
サンクト·ゴットハルト峠
3402
ヒンターライン川
シュプリューゲン
イザルコ川
ボルツァーノ
ディーゼンティス
ステルヴィオ峠
3905
アドゥーラ山地
サン·モーリッツ
ボルミオ
3757
ベルニナ山
4049
2981
レヴェンティーナ谷
メゾッコ
マロヤ
キャヴェンナ
アスコナ
ロカルノ
ソンドリオ
ティラノ
3556
ベリンツォーナ
アディジオ川
トレント
オロビエ·アルプス
ルガーノ
コモ湖
マジョーレ湖
ベルガマスケ·アルプス
コモ
レッシーニ山地
イタリア
ベルガモ
ガルダ湖
ブレシア
ビチェンツァ
ミラノ
アッダ川
ヴァラ
ロンバルディア
ヴェローナ
9°E
10°E
11°E

スイス全図

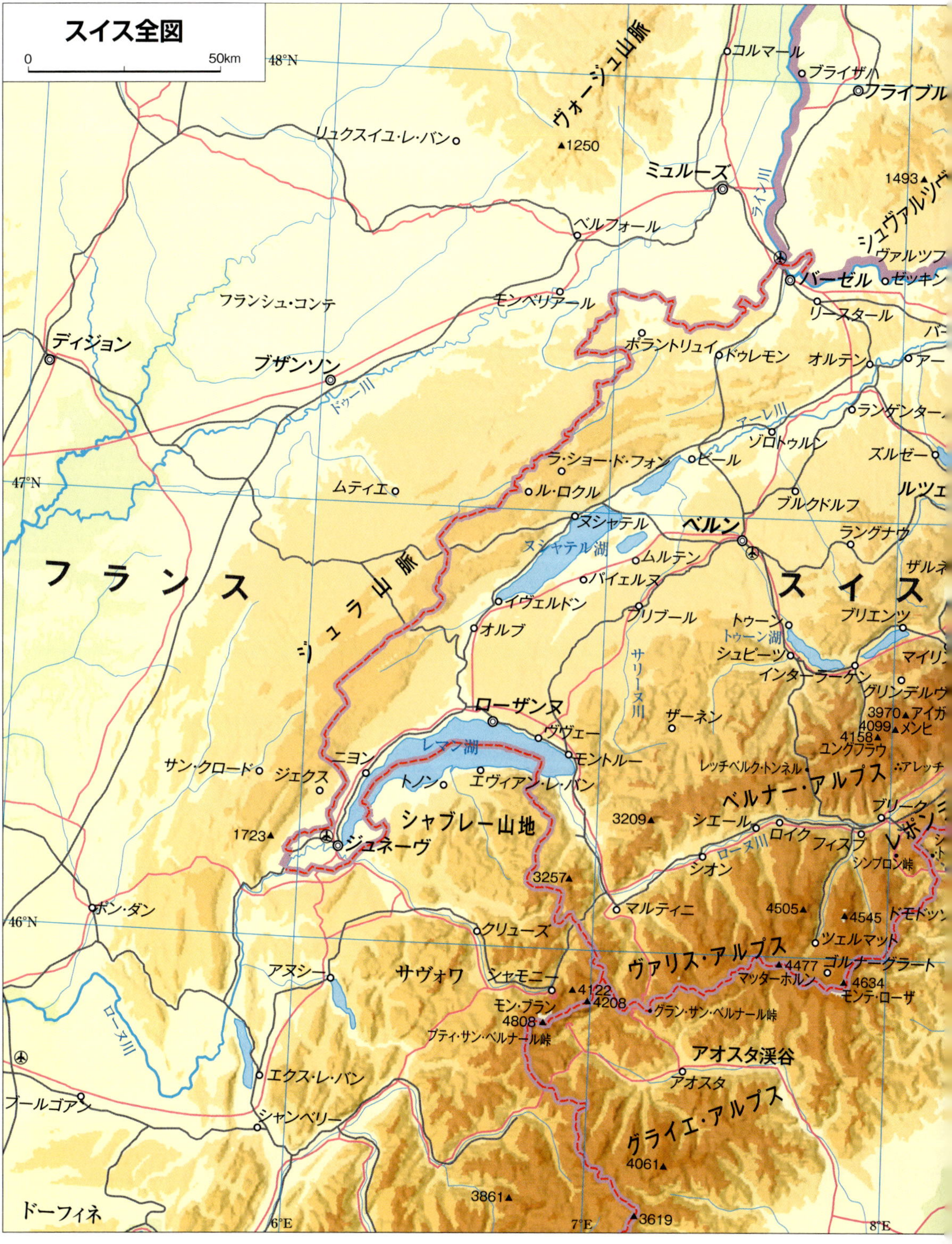

0
50km
48°N
47°N
46°N
6°E
7°E
8°E
ヴォージュ山脈
コルマール
ブライザハ
フライブル
リュクスイユ・レ・バン
▲1250
ミュルーズ
ライン川
1493▲
シュヴァルツヴ
ベルフォール
ヴァルツフ
バーゼル
ゼッキン
モンベリアール
フランシュ・コンテ
リースタール
ディジョン
ポラントリュイ
ドゥレモン
オルテン
ブザンソン
ドゥー川
ランゲンター
アーレ川
ゾロトゥルン
ラ・ショー・ド・フォン
ビール
ズルゼー
ムティエ
ル・ロクル
ブルクドルフ
ルツェ
ヌシャテル
ベルン
ラングナウ
ヌシャテル湖
ムルテン
ザルネ
フランス
ジュラ山脈
パイエルヌ
スイス
イヴェルドン
フリブール
ブリエンツ
トゥーン
オルブ
トゥーン湖
サリーヌ川
シュピーツ
マイリ
インターラーケン
グリンデルヴ
ローザンヌ
3970▲アイガ
ヴヴェー
4099▲メンヒ
ザーネン
4158▲
ユングフラウ
レマン湖
ニヨン
モントルー
レッチベルク・トンネル
アレッチ
サン・クロード
ジェクス
トノン
エヴィアン・レ・バン
ベルナー・アルプス
ブリーク
シャブレー山地
3209▲
シエール
ロイク
1723▲
ジュネーヴ
フィスプ
レポンティ
ローヌ川
シオン
シンプロン峠
3257▲
ボン・ダン
マルティニ
4505▲
▲4545
ドモドッソ
クリューズ
ツェルマット
ヴァリス・アルプス
アヌシー
サヴォワ
シャモニー
▲4477
ゴルナーグラート
マッターホルン
▲4634
モンテ・ローザ
▲4122
モン・ブラン
▲4208
4808▲
グラン・サン・ベルナール峠
プティ・サン・ベルナール峠
ローヌ川
アオスタ渓谷
エクス・レ・バン
アオスタ
ブールゴアン
グライエ・アルプス
シャンベリー
4061▲
3861▲
ドーフィネ
▲3619

はじめに

　スイスの輪郭をなす地形を西から時計回りにあげれば、レマン湖、ジュラ山脈、ライン川、ボーデン湖、そしてアルプス山脈である。その内側に現在のスイスにつながる政治的なまとまりが生まれたのは、中世後期のことである。自然環境の厳しいこの地では、安楽な暮らしは望めなかった。しかしそこはイタリアとアルプス以北を結ぶ南北交通の要地であった。その交通の大動脈はライン川である。ライン川と同じくスイスに水源のあるローヌ川は、ヨーロッパ西部および地中海への水上交通を保証していた。またヨーロッパの東西交通の軸、ドナウ川に注ぐイン川も、スイスを源流としている。こうした土地に多くの民族が侵入と定住を試みたのは偶然のことではない。これが四つの言語を国語とし、公用語とする国家が生まれた背景である。なお国語とは国民（スイス人）が現に話している言語、公用語とは官公庁や公式の会議などで使う言語を意味し、両者は完全に一致するわけではない。

　近代スイス国家は民族や言語の共通性によらず、政治的・経済的必要性によって意思的に形成されたものであった。「意思の国民」と呼ばれるゆえんである。スイスを構成する二三カントン（州）は主権を有し、個々のゲマインデ（市町村）は自治の原則に貫かれている。国民投票・住民投票の対象範囲と数はヨーロッパ随一である。直接民主政的な古い住民集会（ランツゲマインデ）を残す場所もある。その前提には、同盟全体ではなく個々の「邦」に、それどころか個々の都市共同体、村落共同体に主権的機能があった時代の歴史がある。

　言語や文化の多元性は、連邦レベルだけでなくカントンやゲマインデのレベルにもみられる。人口の二割に及ぶ在留外国人の存在も、スイス社会の多言語的・多文化的性格を強めさせている。またスイスにはジュネーヴ、ロカルノ、ダヴォスなど、国際会議の舞台になる場所が多い。このことは、スイス社会の内なる国際性と結びついているが、それに加えて、「仲裁」を重んじる政治文化と「中立」の伝統の所産でもある。こうしたスイス的特性が長い歴史のなかでどのように形成され、現代においてどのような姿をとっているのか、巨視的に概観するのが本書の目的である。

◀**新石器時代**　イッポリート・クトー画「杭上住居の村に帰る」（一八九六年）。新石器時代をロマン主義的に描いた絵画。ただし湖上の杭上住居は想像上のものであり、現在では陸上（水辺）にあったと考えられている。

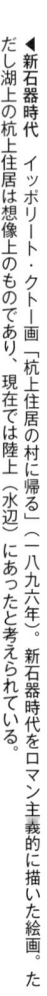

第一章 スイス誕生以前

1 文明の誕生からローマ時代まで

✚先史時代

スイス東部、ザンクト・ガレンのドラヘンロッホ洞窟には紀元前六万年の打製石器が残されていたが、それはスイスに最初に住んだ人類、ネアンデルタール人のものであった。彼らは最終氷期（ヴュルム氷期）に姿を消すが、その後、紀元前一万二〇〇〇年頃にはホモ・サピエンスが現れた。氷河後退後、スイス中部台地には無数の湖沼と川ができ、ツンドラは森林となり、熊や鹿の生息地となった。当時の気候と植生は現在とほぼ同じであり、人類は豊かな自然のなかで暮らし、道具を作り、壁画を描いた。紀元前五〇〇〇年頃には新石器時代が訪れ、磨製石器の農具を用いた穀物栽培（大麦や小麦）、家畜の飼育、土器の製作、織布の技術が普及し、湖畔や川沿いに集落が生まれた。ルツェルンのエゴルツヴィールには紀元前三五〇〇年頃の住居跡がある。地中に深く打ち込まれた杭が特徴であり、

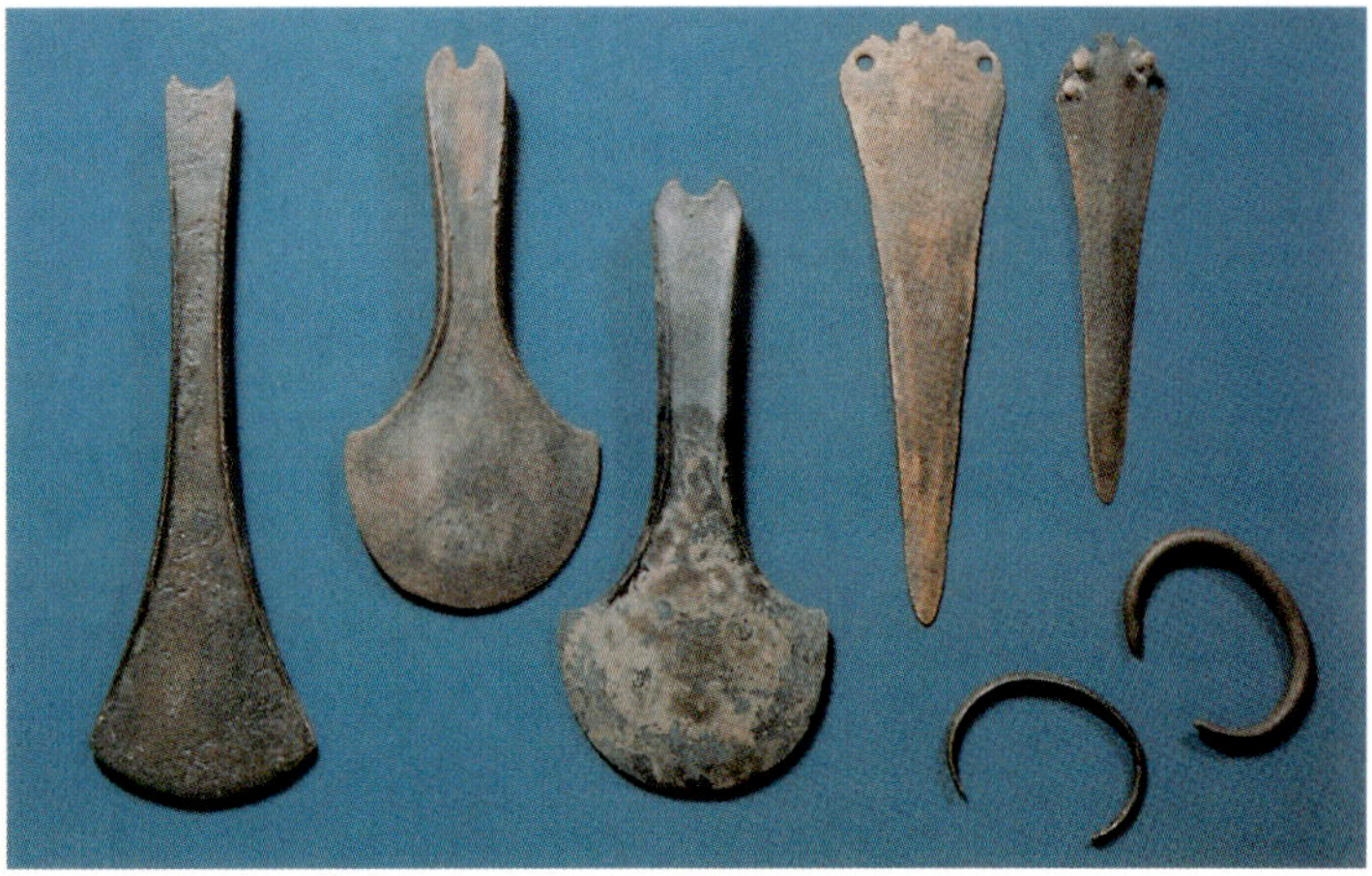

◀青銅器時代の道具　チューリヒで出土した各種の斧・ナイフ・腕輪。

山羊や羊、豚や牛の骨も出土している。なお当時の埋葬文化はドルメン型の巨石墳墓からわかる。

ヨーロッパでは紀元前二〇〇〇年頃に青銅器時代が始まり、スイスでも多くの装飾具や実用品がみつかっている。そのなかには金製品もある。出土品には他のヨーロッパ地域と同じく鐘形の器が多く、その担い手は「鐘形土器人」と呼ばれている。青銅器時代には温暖化と乾燥化が進み、水面が下がって耕作地が広がり、カラスムギやスペルトコムギなどの新種の穀物が栽培された。青銅は農具や釣り針にも使われ、作業の効率を高めた。また、この時代には馬も飼育された。

▶黄金のネックレス（ラ・テーヌ時代）ウーリの出土品。紀元前四〇〇年頃のものとされる。

✚ケルト人

紀元前八世紀、スイスの地は鉄器時代を迎えた。鉄器の民は死者を土葬にせず、火葬にして遺骨を壺に収め、墳丘に葬った（骨壺葬文化）。彼らはケルト人の祖先、プロト・ケルト人であったとされる。墳丘の副葬品（鉄の剣や金細工）からは権力者の存在がうかがえる。なおヨーロッパの鉄器時代はハルシュタット時代（前八世紀～前五世紀）とラ・テーヌ時代（前五世紀～前一世紀）に区分されるが、前者はオーストリア中部の遺跡、後者はスイス、ヌシャテル湖畔の遺跡の名に由来する。

ハルシュタット時代には降雨量が増え、湖畔の住居は浸水するため、人々は高台に住んだ。集落は大型化し、石壁をめぐらせたものもできた。彼らの世界はすでに青銅器時代から「琥珀の道」や「錫《すず》の道」によってバルト海やイタリアと結ばれていたが、ハルシュタット時代にはとくにアルプス交通が栄え、地中海世界の女神や動物をあしらった水差し（前六世紀）も発掘されている。ラ・テーヌ時代になると、スイスでも芸術的な装飾品が製作されるようになる。特徴は曲線と渦巻模様であり、しばしば神話的世界が表現されていた。なおケルトの神官（ドルイド）は祭祀だけでなく世俗的紛争の仲裁の役割も担っていた。

古代ケルト世界についてはギリシア人やローマ人の記録に詳しい。すでに紀元前六

古代ヨーロッパのケルト世界

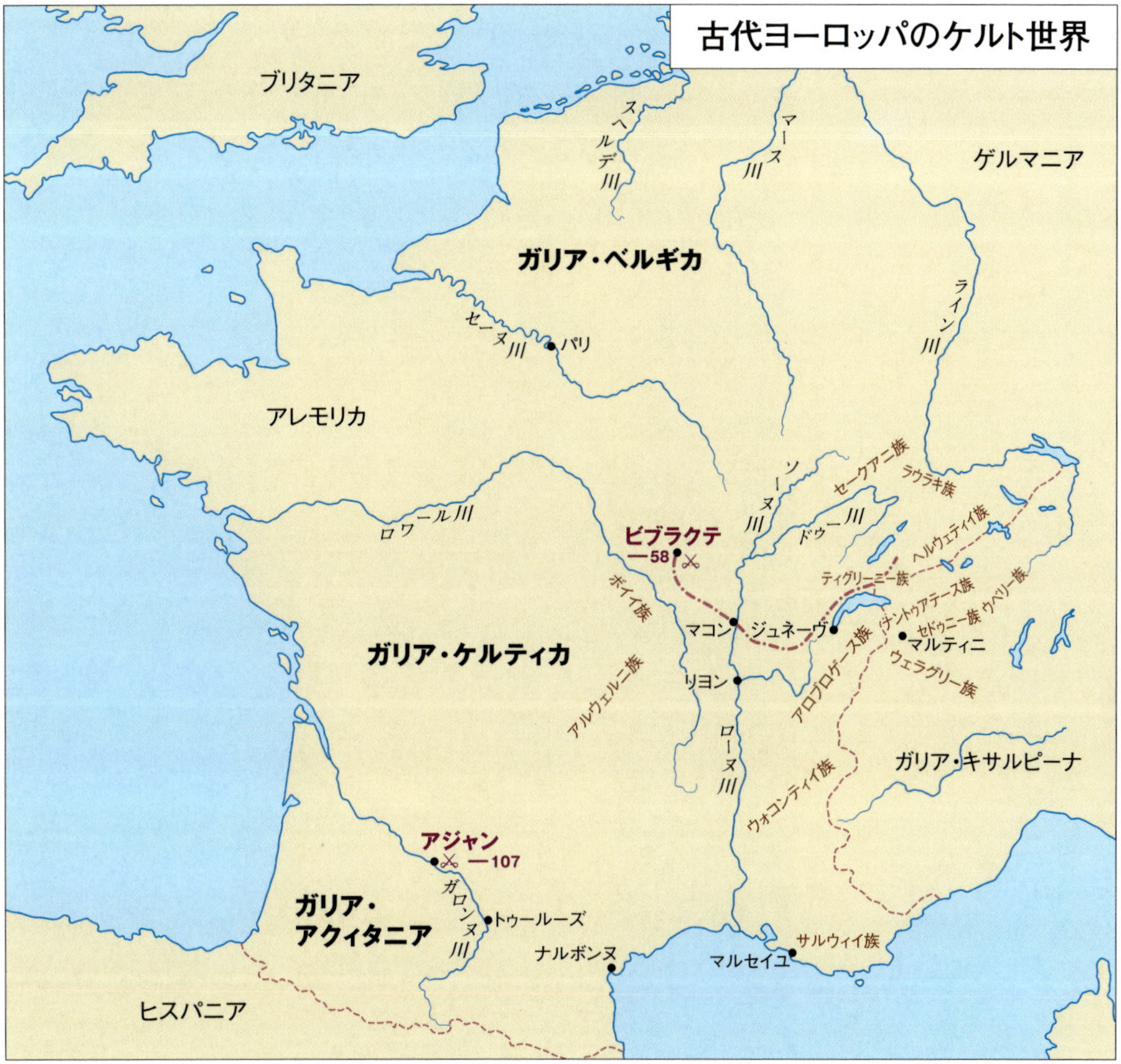

◀アジャンやビブラクテ（オータン）の位置をみれば、ヘルウェティイ族の活動範囲の広さがわかる。

世紀から短い報告が残されているが、重要なのはケルト世界の征服者、ローマのカエサルが紀元前一世紀半ばに書いた『ガリア戦記』である。ガリアとはアルプスの北部と西部、フランス方面のことであり、ケルト世界をさしている。ガリアの名が使われたのは、紀元前三八〇年代にイタリアに侵入したケルト系諸部族がガリア人と呼ばれて記録に残り、ローマ人には理解しやすかったからである。なお当時のケルト人の定住範囲はアナトリアからブリテンに及んでいた。スイス中部台地に住んだのはヘルウェティイ族である。これが今も使われるスイスのラテン語表記ヘルウェティアの語源である。バーゼル方面にはラウラキ族、ジュラにはセークアニ族、ジュネーヴ方面にはアロブロゲース族がいたが、多くは現在のスイスの外側に住んでいた。

✚カエサルとヘルウェティイ族

カエサルによれば、ヘルウェティイ族の地には一二の都市（オッピドゥム）と四〇〇の村（ウィークス）があった。都市は軍事拠点であると同時に政治と経済の中心地でもあった。都市の場所は特定されていないが、ベルン近郊やバーゼル、ジュネーヴなどにあったと考えられている。なおケルト人は多くの部族に分かれ、部族居住地（キ

▶ローマ人にくびきを負わせるヘルウェティイ族　シャルル・グレール画（一八五八年）。スイス人の最初の英雄としてディウィコーを描いた作品。

ウィタスないしポプルス）では氏族集団が集まって郷（パーグス）を成していた。

ローマは紀元前二世紀からケルト人と戦い、アルプスの北と西に支配を広げたが、ヘルウェティイ族は反抗的であり、紀元前一〇七年には首領ディウィコーに率いられてガリアに攻め込み、アジャン近郊でローマ軍を破った。なおこの時期には北方からゲルマン系のテウトニー族とキンブリー族が南進しており、ヘルウェティイ族のなかには彼らに合流する人々もいた。

ヘルウェティイ族の故郷は土地がせまく、移住は不可避であった。紀元前五八年、オルゲトリクス率いるヘルウェティイ族は不退転の決意で故郷の都市と村を焼き払い、ガリアに旅立つ。カエサルによれば、その数は二六万三〇〇〇人であった。他の部族を合わせれば三六万八〇〇〇人、そのうち戦士は九万二〇〇〇人である。この大軍をビブラクテ（オータン）近郊の戦場で壊滅させたのがカエサルである。生き残った者たちは帰郷を命じられ、自ら焼き払った都市や村を再建させられた。帰還者は一一万人であった。カエサルはライン川の北に迫るゲルマン人の動きを警戒し、ヘルウェティイ族の地を防波堤にする考えであった。帰還者たちはローマの同盟者とされ、自治を許された。紀元前五二年にはガリア全土でウェルキンゲトリクス率いる大反乱が起き、ヘルウェティイ族も加担するが、結局カエサルによって鎮圧されてしまった。

ヘルウェティイ族の土地には、スイス東部のラエティー族からローマ領を守る役割もあった。ラエティー族は戦闘的であり、ボーデン湖方面や中部台地に侵入することさえあった。その居住地はグラウビュンデン（ラエティア）を中心に、アルプスの北と南の渓谷地帯に広がっていた。ラエティー族は、言語面ではエトルリア（イタリア中北部）との関係が指摘されるが、ケルト的な要素ももっている。彼らの西には、やはりイタリア的要素の混じったケルト系民

◀ウィンドニッサの円形競技場　紀元一世紀に建設され、一万人近い観客を収容できたという。

族レポンティイが住んでいた。今日のティチーノのレヴェンティーナの谷はその名に由来する。さらに西、ヴァレー（ヴァリス）の谷にも別のケルト系諸部族が住んでいた。そのため、スイスをヘルウェティイ族だけで代表させてヘルウェティアと呼ぶのは過度な単純化であるが、それはナショナリズムの時代のスイス人自身の選択である。なおヘルウェティイ族の首領ディウィコーがスイス史上の英雄になるのは、一八世紀から一九世紀にかけてのことである。

✚ローマ支配

ローマ人は、のちのスイスとなる地に植民都市を築いたが、とくに重要なのはレマン湖北岸のコロニア・ユーリア・エクエストリス（ニヨン）である。ここはガリア西部への通路を監視し、ローヌ川の水上交通やイタリアへの山道（モン・スニ峠方面）を守るうえで好都合な場所であり、レマン湖南端のゲナウア（ジュネーヴ）より重要であった。コロニアの土地は軍団の退役者（騎士）に与えられ、スイスのローマ化の拠点となった。ライン川方面にはアウグスタ・ラウリカ（アウクスト）が建設され、ライン川とジュラ山脈を越える東西交通の統制を託された。またアウクストには、ヘルウェティイ族やラエティー族を見張り、北方のラウラキ族との連携を封じる目的もあり、その重要度はすぐ近くのバシレア（バーゼル）より高かった。

ローマの軍事と通商には西部のグラン・サン・ベルナール峠と東部のグラウビュンデンの峠（マローヤ、ユーリア、シュプリューゲン）が不可欠であった。紀元前一五年、アウグストゥスは養子ティベリウスとその弟ドゥルーススにラエティアを平定させ、アルプスの峠道とライン・ドナウ方面への出口をおさえた。ヴァレーもすでにローマの支配下にあり、ラエティアとはフルカ峠、オーバーアルプ峠によって結ばれていた。一世紀前半にはアーレ川とロイス川の合流地点に軍営地ウィンドニッサ（ヴィンディシュ）が生まれ、公会堂（バシリカ）や円形競技場、公共浴場が建ち並んだ。周辺には先住民が住み、文化的融合が進んだ。六九年にはヘルウェティイ族の反乱が起きるが、ローマ軍によって鎮圧された。ヘルウェティイ族の拠点であったアウェンティ

▲紀元前一世紀から紀元一世紀頃。境界地帯と交通の要地に軍営地や集落ができているのがわかる。

クム（アヴァンシュ）は七〇年頃にローマの植民都市となるが、そこはグラン・サン・ベルナール峠からスイスの中部台地に抜ける交通の要地であった。住民は現地人のほうが多かったが、官職就任者にはローマ市民権が与えられ、エリート層はローマ化していった。都市は七三の塔をそなえた城壁に囲まれ、その内側には神殿、公会堂、広場、円形競技場、野外劇場、公共浴場、集合住宅（インスラ）が建った。野外劇場は六〇〇〇人以上の観客を収容できた。ヴァレーのケルト都市オクトドゥールスに建設されたフォールム・クラウディイ・ヴァレンシウム（マルティニ）も、イタリアとの交通ゆえに繁栄を謳歌した。

▶ケルト人の女神アルティオ　ベルンのムーリで出土した三世紀初頭の作品。ケルトの神がギリシア・ローマ的な彫像となった姿がみてとれる。

　ニヨン、アウクスト、アヴァンシュ、マルティニは、ローマ時代のスイスを代表する四大都市である。都市内では自治が発達し、二名の市長が選ばれ、ローマの元老院に似た一〇〇名の参事会で合議が行われた。なお先住民たちは法的に差別されていたが、二一二年にはカラカラ帝によって属州に住む異民族の自由民にもローマ市民権が与えられ、ヘルウェティアの人々も晴れてローマ人となる。四大都市のほか、ロウソンナ（ローザンヌ）、ウィウィスクス（ヴヴェー）、アクアエ・ヘルウェティカエ（バーデン）、トゥリクム（チューリヒ）などの集落も栄え、都市化していった。都市周辺には農園（ヴィラ）ができ、穀物生産や家畜の飼育が行われた。農園主には在地の支配層もいた。

✚古代の宗教

　ローマ時代のスイスでは宗教もローマ化し、たとえばアウクストの神殿にはユピテル、ユノー、ミネルウァが祀られた。しかし新旧の神々は互いに排斥しあうよりむしろ融合し、ユピテルはケルトの雷神タラニスと同一視された。またケルト世界には動

◀ゾロトゥルンの小都市オルテン　円形の中世都市の基層には、四世紀にさかのぼるローマの城砦の跡がある。

物神も多く、とくに熊崇拝は長く残り、ベルンのムーリでは熊の守護神アルティオの像（三世紀）が出土している。オリエントの神々も好まれ、エジプトのイシス神、オシリス神、ペルシアのミトラス神などが崇拝された。

　三世紀以降の混乱期には、権威主義的なローマの祭祀より贖罪や魂の救いを約束する東方の宗教が人心をつかんだ。キリスト教も同じである。ディオクレティアヌス帝の時代、エジプトのテーベから派遣されてきたマウリティウスの軍団（全員キリスト教徒）が皇帝の命じるキリスト教徒弾圧を拒み、ヴァレーのアガウヌム（サン・モーリス）で六六六六人の処刑者を出したのは三世紀末のこととされる。やがてこの殉教者たちは崇敬の的となる。サン・モーリスを逃れて別の都市で処刑された人たちも崇敬され、守護聖人となった。チューリヒの聖フェーリクスと聖レグーラ、ゾロトゥルンの聖ウルススと聖ヴィクトールがそうである。

✚ゲルマン人の到来

　ローマの属州編成は何度も変わるが、八九年のドミティアヌス帝による編成は三世紀末まで続いた。スイス西部から中央部までは、もとはガリア・ベルギカ属州の一部であったが、八九年にゲルマニア・スペリオル属州に編入された。スイス東部はラエティア属州の一部であり、ヴァレーは四三年から独自の属州アルペース・グライアエ・エト・ポエンニナエであった。ブリタニア遠征に向かうローマ軍団もこの地の街道を通った。なおジュネーヴはレマン湖南部とともにガリア・ナルボネンシス属州に組み入れられた。

二世紀以降、ゲルマン人に対する防衛の最前線はライン・マイン・ドナウ間の長城（リーメス）に移り、スイスは安全な土地になるが、二六〇年に大波乱が起きた。ウアレリアヌス帝がササン朝ペルシアとの戦いで捕虜になると、帝位争いが生じて国境のローマ軍が撤退し、ゲルマン人（アレマン族）がリーメスを破って侵入、都市や村を破壊し、略奪を行ったのである。スイスはふたたび防衛の最前線となり、各地に城砦が築かれた。テネドー（ツルツァハ）、タスゲティウム（エシェンツ）、ウィトゥドゥルム（ヴィンタートゥール）、サロドゥルム（ゾロトゥルン）、エブロドゥヌム（イヴェルドン）などである。四世紀にはライン川沿いに多くの監視塔が建った。国境地帯の属州は三世紀末にディオクレティアヌス帝によって細分され、統治の緊密化が図られたが、すでに繁栄は過ぎ去っていた。ニヨンは放棄され、植民都市時代の石造建築物はジュネーヴを城砦化する石材となった。ローザンヌも一時は無人化し、アヴァンシュは半分が廃墟と化した。ローマ軍は最終的に四〇一年にスイスを去る。

2 諸民族の興亡と神聖ローマ帝国

✚諸部族の定住

ローマ支配の終焉後も、その遺風は長く残った。とくに西部スイスにはローマ文化が深く根づいており、東部のアルプスの牧人たちの生活と言語もローマ的であった。ゲルマン人もローマ文化の後継者であり、ブルグント族がその典型である。彼らは二世紀にバルト海のボルンホルム島を出て四〇六年にライン川を越えたが、その過程で別のゲルマン部族、二世紀以降に略奪者として現れたアレマン族と争った。ローマはその争いを利用してブルグント族と友好関係を築いた。彼らはまずライン川中流域に王国の樹立を許された。四三六年にはサパウディア（サヴォワ）に追われるが、その後フランス南東部とスイス西部（ローヌ川流域）に進出する。その中心都市はリヨンである。六世紀初頭のグンドバート王時代の『ブルグント法典』は、ローマ系先住民との融和を促進する内容であった。王は共存に努め、自らはゲルマン系住民の信仰（父なる神だけに神性を認めるアリウス派）を守ったが、その一方で先住民のカトリック信仰（父・子・聖霊の三位一体を説くアタナシウス派）を保護した。王子たちはアリウス派として育つが、王位を継いだジギスムントはカトリックに改宗し、教会の整備に努めた。

西ローマ帝国はすでに四七六年に滅び、その後イタリアは東ゴート王に支配された。その北方ではフランク族が強大化し、ブルグント王国は最終的に五三四年の決戦を経てフランク王国に編入される。なおアレマン族は六世紀に南ドイツとスイスに定住したが、それは四九六年にフランク王国に敗れ、その王の許しで進められた移民の結果である。アレマン部族公位はフランク王国の官職であり、独立性はない。しかし部族公が八世紀以降に定めた『アレマン部族法典』は、この地の一定の自律性を反映していた。

✚キリスト教の浸透

キリスト教会はゲルマン時代に多くの困難に直面した。ブルグント族のアリウス主義との対立や、キリスト教を長く拒んだアレマン族の自然宗教との摩擦である。ローマ時代からの司教座所在地はジュネーヴ、マルティニ、アヴァンシュ、アウクスト、ヴィンディシュ、クールであるが、民族移動の混乱期にマルティニの司教はシオンに、アウクストの司教はバーゼルに、アヴァンシュの司教はローザンヌに移り、ヴィンディシュは放棄された。したがって古い司教座で残ったのはジュネーヴとクールだけである。アレマン族の地ではコンスタンツに新しい司教座ができた。南部ではミラノ首都大司教とコモ司教が競合していた。

キリスト教の普及は修道院に支えられており、ジュラ山中のサン・クロード（フランス側）やロマンモティエ（スイス側）には早くも五世紀から修道者たちがいた。キリスト教文化はとくにスイス西部に早くから根づき、六世紀にはレマン湖畔に多くの教会が建った。ただし古い宗教の影響も残り、たとえばローザンヌの大聖堂からは古代ローマ世界に広まっていたアブラカダブラの呪文を刻んだ金製の十字架がみつかっている。

▶サン・モーリス修道院　最初の修道院の建設は四世紀にさかのぼるという（著者撮影）。

ヴァレーのサン・モーリス修道院は六世紀前半にブルグント王ジギスムントに保護され、聖マウリティウス崇敬の中心地として巡礼者を集めた。七世紀前半にはアイルランドの聖コルンバヌスの一行が大陸各地で布教活動を行う。その一員、聖ガルスは病身のためボーデン湖畔のアルボンにとどまり、その南の山地に隠棲した。これがザンクト・ガレン修道院の起こりである。やがてその修道院はフランク王国（カロリング朝）に保護され、古代の文献の写本製作や音楽（グレゴリオ聖歌）の中心地となる。なおイタリアの東ゴート王国滅亡後、六世紀後半に半島北部とスイス南部を支配したランゴバルド族は、七世紀後半までにアリウス派からカトリックに改宗した。

✚フランク王国

フランク族は四世紀後半にライン川下流域からガリアに侵入し、五世紀後半にメロヴィング家のもとで統一国家を形成した。そして五世紀末にはアレマン族を討ち、スイスの地にも支配力を及ぼす。クローヴィス王がキリスト教に改宗したのはこの時期である。フランク王は地中海方面にも進出を企て、すでに述べたように五三四年にブ

▶ザンクト・ガレン修道院の楽譜（一六世紀）　聖ガルスが熊にパンを与える姿が楽譜のなかに描かれている。この熊はガルスが庵を構えるのを手伝ったとされる。

▲ザンクト・ガレン修道院の付属図書館（内部）　この広間は一八世紀のものだが、収蔵品は中世以来の書物の数々である（写真＝スイス政府観光局）。

ルグント王国を征服してアルプス西部の峠道を支配し、五三六年には東ゴート王国からプロヴァンス地方を奪った。五五三年の東ゴート王国滅亡後は、これを滅ぼした東ローマ帝国とも争い、さらにラエティアにも進出を試みた。その後フランク王国は分割相続で四分割され、権力は分散した。その際、スイス西部はブルグント分王国に、東部はアウストラシア分王国に編入された。東部ではアレマン公が自立化を企て、アウストラシア王家の宮宰カロリング家と争った。なおエルザス（アルザス）の貴族エティコン家がバーゼルやジュラに進出したのはこの時期である。スイス人の宿敵ハプスブルク家は、この一族から出たという。

　八世紀前半、カロリング家は武力でアレマン公を服従させるが、その際に統治と峠道の監視の拠点としてライヒェナウやプフェファース、ディーゼンティスなどに修道院を建て、既存のザンクト・ガレン修道院も保護した。カロリング家は王国の再統一を進め、南進策をとって七七三年以降にランゴバルド王国を征服し、ラエティアの峠道を支配して、これを大帝国の南北を結ぶ幹線とした。それはカール大帝の軍功である。なおラエティアの地方貴族による従来の統治は、フランクの行政官（伯）に委ねられた。

　しかし、カロリング家のフランク王国も分割相続で分裂することになる。ヴェルダン条約（八四三年）とメルセン条約（八七〇年）により、またもやスイスに分割線が走った。分割に際しては峠道の利用が焦点となり、言語境界は考慮されなかった。ともあれ、九世紀後半からスイスを統治したのは西フランク王国と東フランク王国である。東フランクのルートヴィヒ二世（ドイツ人王）は、カロリング家の伝統的な政策を受け継ぎ、アレマン貴族の反抗を抑えながら修道院の建立と修道院への王領地の寄進を試みた。そして交通の要地チューリヒには王宮を造り、フラウミュンスター女子修道院を建てた。この修道院に与えられた王領地には、のちのスイス国家の核となる山深いウーリの地も含まれていた。また王はルツェルンにも聖レオデガル修道院を建てるが、その地にはやがて都市が生まれる。ルートヴィヒの統治は成功であったが、その後継者たちの力は弱かった。

　東フランク王国のカロリング家は九一一年に断絶し、フランケン公コンラート一世が王位を得た。しかし、その権力は確立せず、貴族たちが勢力を増し、西南ドイツ、スイス東部・中央部はシュヴァーベン公の領地となる。ただしその公位は、貴族間の争いと国王の戦略でいくつかの家門を点々とした。

　西フランク王国でも地方貴族が成長し、九世紀後半にはヴェルフェン分家の高地ブルグント王国が生まれた。その南にはヴィエンヌ伯家の低地ブルグント王国（アルル王国）があった。それらの国家はアルプスとローヌ川の交通をおさえた峠の国であり、グラン・サン・ベルナール峠やシンプロン峠は高地ブルグント王国の領内にあった。この王国の重心はスイス西部（ジュネーヴ、ヴォー、ヴァレー）にあり、最初の王ルド

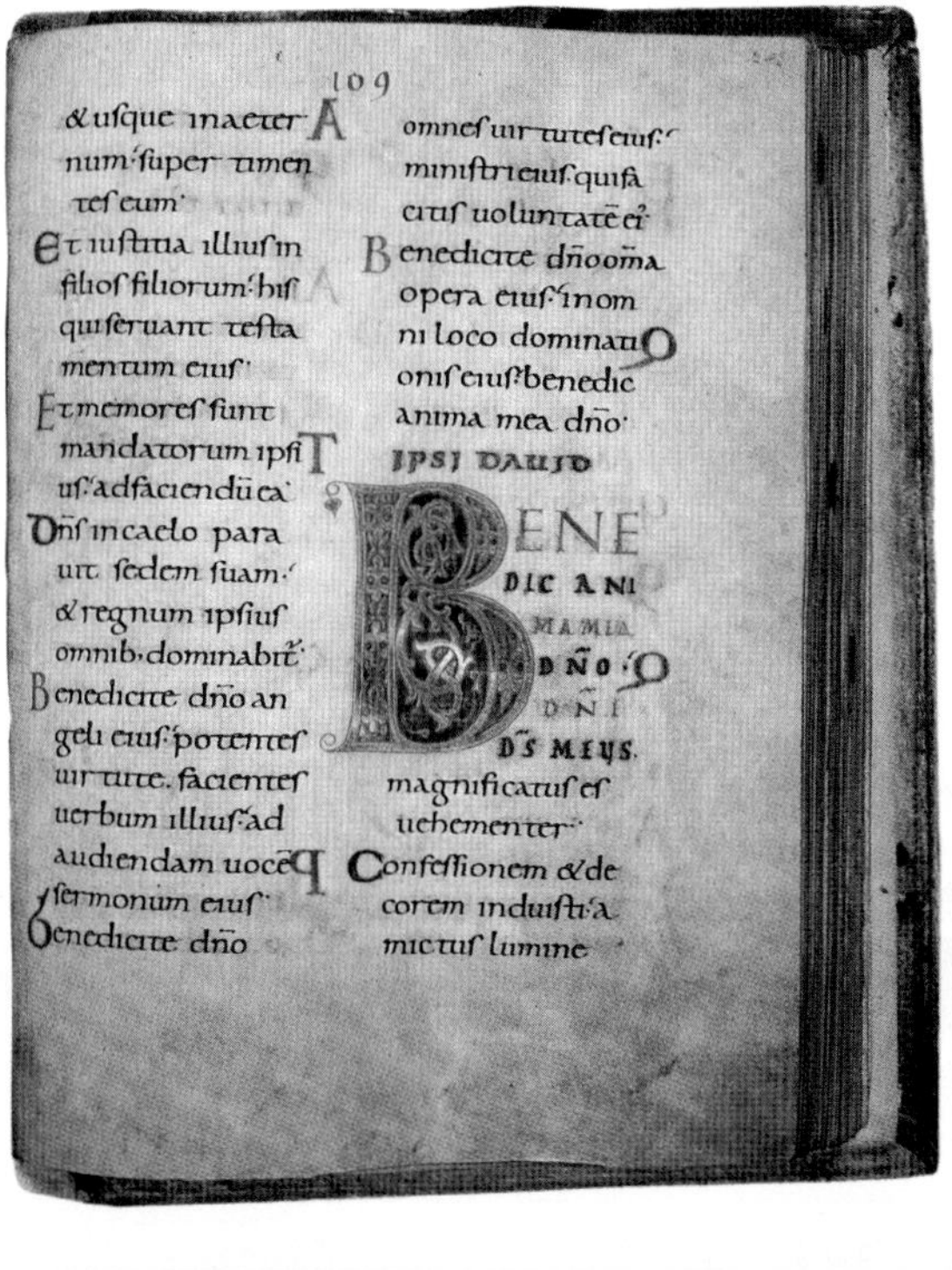

▶ザンクト・ガレン修道院の写本　九世紀後半の詩篇。一〇二篇一七節から一〇三篇二節まで。

▶カール大帝の肖像　アルブレヒト・デューラー画（一五一二年）。豪華な王冠、剣、宝珠が皇帝権を象徴している。

ルフ一世の戴冠はサン・モーリス修道院で行われた。やがて王国は東に領地を広げ、一〇世紀前半にはバーゼルやアールガウに進出し、シュヴァーベン公と衝突した。しかしヴィンタートゥールの戦い（九一九年）でシュヴァーベン公に破れてからは協調策に転じ、高地ブルグント王ルドルフ二世はシュヴァーベン公ブルヒャルト一世の娘ベルタを妃にした。そしてその娘アーデルハイトは、九四七年に低地ブルグントの王子（のちのイタリア王）ロタール二世に嫁ぐ。なおイタリア王は、中部フランク王国解体後、メルセン条約によって半島北部だけを治めていた。

✚神聖ローマ帝国

　両ブルグント王国は九三三年、ルドルフ二世の時代に統合されるが、イスラム教徒の侵入に苦しみ、サン・モーリスも略奪を受けた。他方、九三六年に東フランク王となったザクセン家のオットー一世（大帝）は、ブルグントにも干渉しながらイタリア進出を企てた。オットーは九五一年、ロタール二世の死後、イタリア王を名乗るイヴレーア辺境伯ベレンガリオ二世に幽閉されたアーデルハイトに請われ、イタリア遠征を敢行して彼女を救い、王妃に迎えて自らイタリア王となった。九六二年にはベレンガリオに攻撃された教皇ヨハネス一二世の支援のために出陣し、ブレンナー峠を越え、トレント、パヴィーアを経てローマに入り、教皇を守った。教皇はこれに感謝し、オットーにローマ皇帝の冠を与える。この載冠よって神聖ローマ帝国の長い歴史が始まった。なおブルグントの王家はオットー以後の皇帝（ドイツ王）たちにも臣従するが、一〇三二年には断絶し、翌年、姻戚関係のあるザリエル家の皇帝コンラート二世が王位を兼ねた。以後スイスの地は、神聖ローマ帝国の統一的支配を受けることになる。

　オットー諸帝（一世から三世まで）は積極的に司教や修道院に不輸不入権と世俗の支配権を与え、所領を寄進し、司教・修道院長の任命権を握り、代官（フォークト）を派遣して統制し、土着化した公や伯などの封建勢力に対抗した。ブルグントの王たちもこの教会政策にならい、スイスの地には多くの帝国教会や王国教会が生まれた。たとえばパイエルヌのクリュニー派修道院の建立（九六二年）は王妃ベルタらの寄進によるが、これにエルザス方面の所領を与えたのは彼女の娘アーデルハイトの夫、す

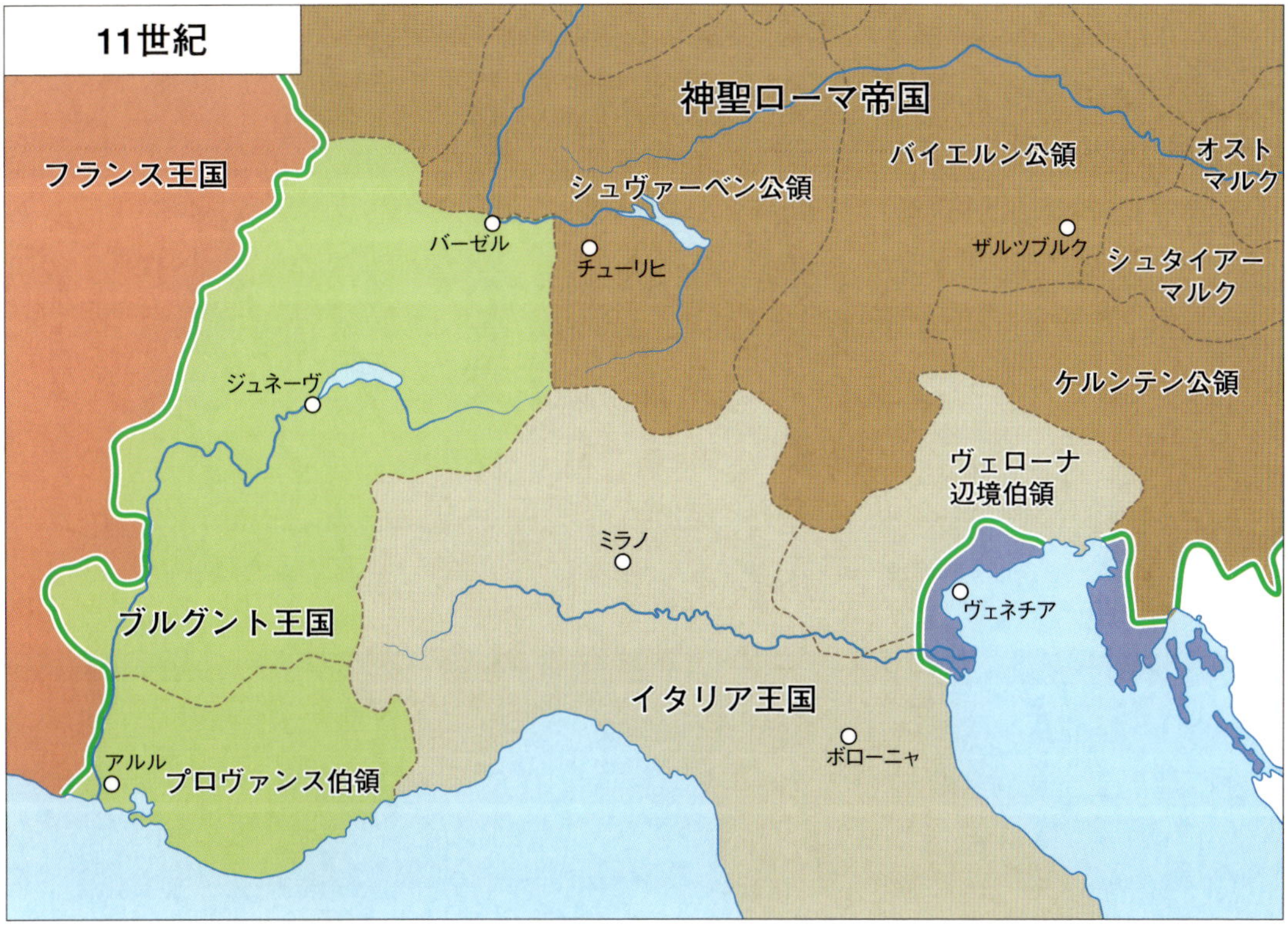

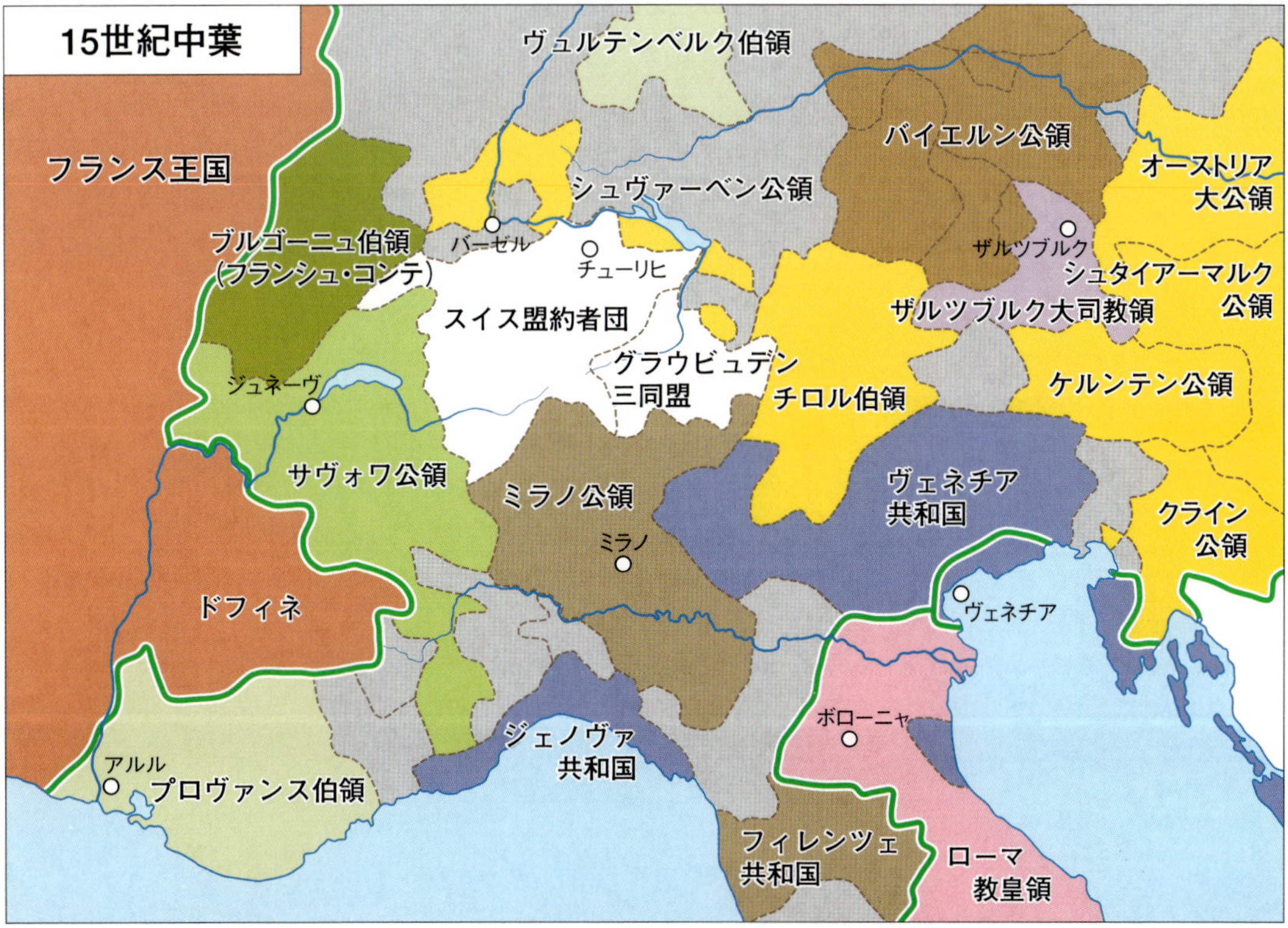

◀中世の封建国家　地図中の緑の太線は神聖ローマ帝国の境界。下地図の黄色い部分はハプスブルク家領。

なわちオットー大帝である。さらに大帝は、ロマンモティエ修道院に対してローザンヌからブザンソンにいたる街道筋に所領を与えた。一方、シオンやローザンヌの司教もブルグント王家によって世俗の支配権を得た。またバーゼル司教は、ジュラ地方に所領をもつムティエ・グランヴァル修道院を得て領邦支配の基礎を築く。

3 封建貴族の盛衰

✚サヴォワ家

皇帝や王がどれほど教会を保護しても、世俗の貴族の成長は止められなかった。スイス西部ではとくにサヴォワ家の成長が著しかった。この一族は一一世紀にモン・スニ峠に近いモリエンヌの伯となり、イタリア方面ではアオスタ渓谷に、スイス方面ではシャブレー地方（レマン湖南岸）や下ヴァレーに進出し、一二世紀末には高地ブルグントに比肩する峠の国になった。サヴォワ伯はシオン司教と協力関係を築き、レマン湖東部のシヨン城やサン・モーリス修道院の代官職も手に入れた。なおレマン湖一帯でサヴォワ伯に抵抗していたのは、在地のジュネヴォワ伯やジュネーヴ司教である。一一～一二世紀にはサヴォワ伯領の東側で

も封建勢力が活発な動きをみせたが、それは司教・帝国修道院長の任命権をめぐる皇帝とローマ教皇との争い（叙任権闘争）とも関係していた。

✚三つの貴族家門

中世盛期にスイス一帯で繁栄と衰退の歴史をたどった重要な貴族家門をあげれば、ラインフェルデン家、ツェーリンゲン家、キーブルク家である。ラインフェルデン家のルドルフは皇帝ハインリヒ四世（ザリエル家）の時代にシュヴァーベン公となり、教皇グレゴリウス七世によるハインリヒ四世破門（一〇七六年）の際には反国王派の諸侯によって対立国王に選出されたが、ハインリヒ側の報復で公位さえ奪われ、その地位は南部ドイツの貴族シュタウフェン家に与えられた。それは同家が一二世紀に神聖ローマ皇帝を出すまでに成長する土台となる。ラインフェルデン家のほうは叙任権闘争の混乱のなかで一〇九〇年に断絶し、その遺領は姻戚関係のある西南ドイツの貴族ツェーリンゲン家に渡る。

ツェーリンゲン家はシュヴァーベン公位も求めたが、最終的にはシュタウフェン家が公位を得ることを認め、かわりにスイスの地に広大な領地を獲得して公を称する権利も得た。一二世紀後半までに同家は、経済と軍事力の増強のために西南ドイツ、スイス各地で都市建設を行った。スイスではフリブール、ムルテン（モラ）、ブルクドルフ、ベルン、トゥーン、ラインフェルデンなどである。とくにアーレ川の蛇行部に築かれたベルンは、城砦としても交易地としても有益であった。ゾロトゥルンもツェーリンゲン家の支配下で栄えた。なお同家は、一一七三年、チューリヒとウーリの帝国代官職を得てスイス東部と中央部にも進出した。この代官職はかつて皇帝ハインリヒ四世がアールガウの貴族レンツブルク家に与え、その断絶後は保有者不在であった。そのツェーリンゲン家も一二一八年に絶え、家領はトゥールガウのキーブルク伯家に継承された。ただしツェーリンゲン家が帝国

▶サヴォワ家のシヨン城　モントルー近郊、レマン湖畔にある。左側の円形の塔は、一三世紀中葉にサヴォワ伯ピエール二世が増築させたもの（写真＝スイス政府観光局）。

◀キーブルク家の居城　この城はキーブルク家の断絶で一二六四年にハプスブルク家のものになり、その後一五世紀に都市チューリヒが獲得し、代官を派遣して統治した（著者撮影）。

▶ツェーリンゲン家によって建設された都市ベルン　その市域は計画的に造られ、拡大されていった（写真＝スイス政府観光局）。

から受けた封土は皇帝に返還され、チューリヒ、ベルン、ゾロトゥルンは、地方貴族の支配を受けず、皇帝に直属する自由都市すなわち帝国都市となる。

✚ハプスブルク家

キーブルク家は相続で強大化したが、皇

▶リマト川に臨む都市チューリヒ　川の向こうにチューリヒ湖、その彼方に中央スイスの山々が見わたせる（写真＝スイス政府観光局）。

帝フリードリヒ二世（シュタウフェン家）はこれを警戒し、ウーリの帝国代官職を別の貴族、ハプスブルク家に与える。当時この地はザンクト・ゴットハルト峠道の開通（後述）によって急速に重要性を増していた。なおキーブルク家の繁栄も短く、一二六四年には断絶し、所領の多くは姻戚関係

▶アールガウの「鷹の城」（ハビヒツブルク）　この小さな城にちなんだ家名をもつハプスブルク家は、当主ルドルフ（一世）の代にヨーロッパ有数の王家に成長する（著者撮影）。

ゆえにハプスブルク家に与えられた。こうして同家は、エルザスから中央スイスにいたる地域に所領を広げることができた。その支配はのちのスイス原初三邦（後述）やルツェルン一帯にも及んだ。ゼンパハやヴィリザウに都市を建設したのも彼らである。なお同家は、帝国政治においては、シュタ

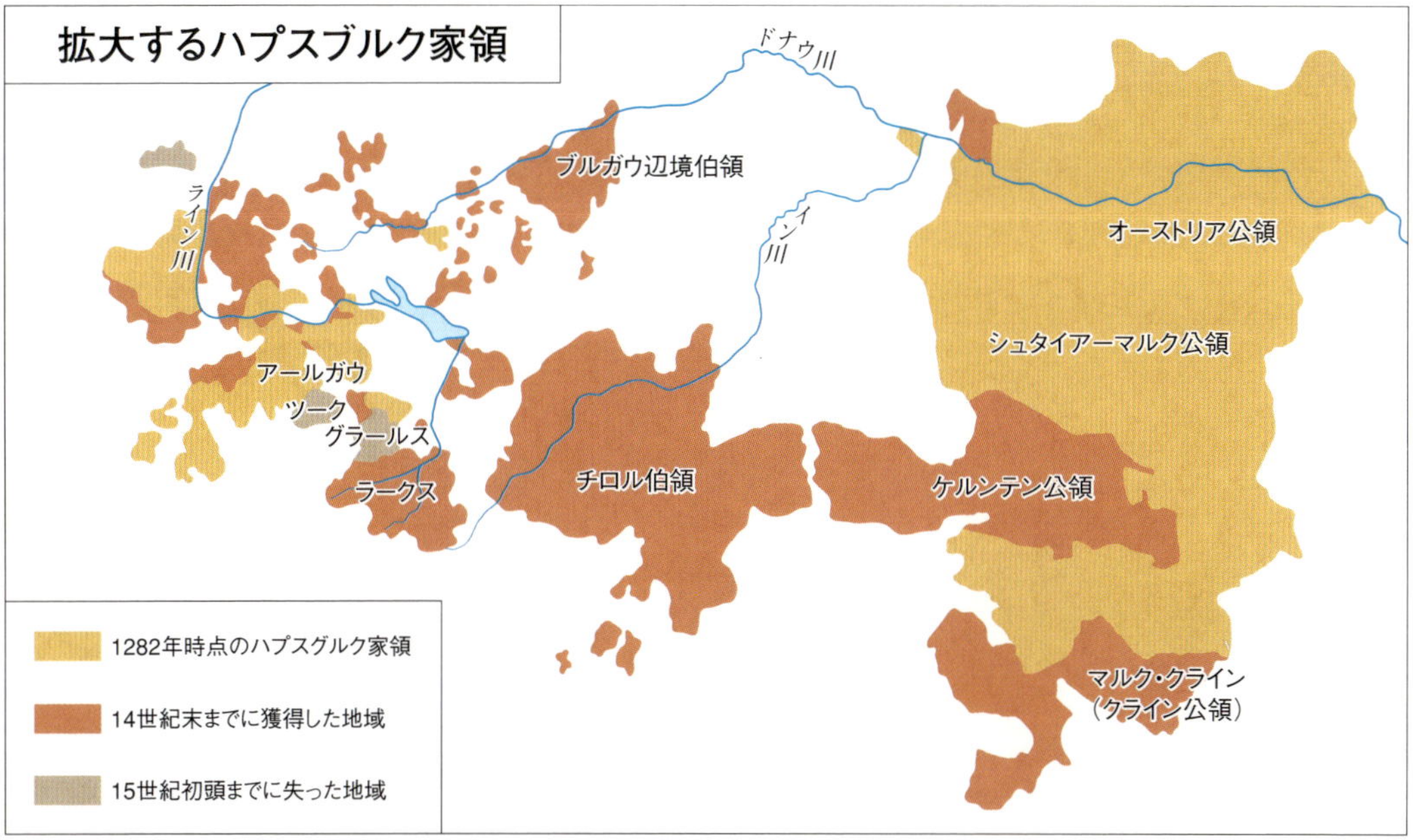

◀スイスはオーストリア方面とエルザス（アルザス）方面の領地をつなぐ位置にあった。

ウフェン家とヴェルフェン家の帝位争いに際して前者に味方し、その後ろ盾を得ていた。

一二七三年、ハプスブルク家のルドルフ一世がドイツ王に選ばれたが、それは同家が弱小であり、安全と思われていたからだという説がある。しかし、王となったルドルフは豪胆であり、対立候補、ボヘミア王オタカル二世に戦争を挑んで一二七八年に勝利し、一二八二年までにオーストリア方面に広大な領地を得た。アールガウの居城（ハプスブルク城）は一二世紀に手狭になり、一族はブルック（アールガウ）を経てウィーンに移る。その後スイス方面はフォアランデ（前方の地）と呼ばれた。そこでは一二世紀前半からオーストリア本家とは別系統のハプスブルク・ラウフェンブルク家がスイス中央部を中心に所領を増やしていった。

◀ハプスブルク家のルドルフ（一世）　シュパイヤー大聖堂にある墓石。中世のスイス国家の形成史は、この王の存在と深く関わっている。

多言語のスイス

Column ❶

スイス西部に定住したブルグント族の人口はローマ系先住民の十分の一であり、ジュネーヴのような都市部でも三分の一程度であった。ブルグント王国は先住民たちも担い手としており、そこでは通婚による同化と言語のラテン化が進み、ゲルマン的要素は弱まっていった。その東に住むアレマン族も先住民と同化したが、ここでは前者が優位であり、その人口の多いスイス東北部と中央部では言語的・文化的なゲルマン化が進んだ。やがてスイスの地では七世紀にロマンス語（ラテン系の言語）とゲルマン語（ドイツ語のアレマン方言）の言語境界が形成されはじめ、九世紀にはアーレ川とザーネ川（サリーヌ川）一帯で明確になる。ただし併用地域も多かった。なおロマンス語の内部でも分化が生じ、フランス語、イタリア語、レートロマンス語（ロマンシュ語）が別々の発展を遂げることになる。ロマンシュ語は東部のアルプス地方で話されていたが、そこにはアレマン族も入植し、ドイツ語圏を広げていった。それでもロマンシュ語圏は現在よりはるかに広く、たとえば今はドイツ語圏のグラールスでも、一一世紀まで多くの住民がこの言語を話していた。ヴァレーでは、中央スイスに近い東部の渓谷地帯にアレマン族が数多く定住し、そこはドイツ語圏になるが、西部はフランス語圏になる。多言語のスイスには、このようにきわめて長い歴史がある。それは近代国家の境界が定まるはるか以前に始まっていたのである。

スイス人は言語をめぐる問題に敏感であり、後述するように一八四八年制定の連邦憲法は独仏伊の三言語を国語と宣言している。一九三八年にはロマンシュ語も独立言語にしてスイスの国語であるとの宣言が行われた（同じ系統の言語はイタリアでは「方言」の扱いである）。なお二〇〇〇年に全面改正された連邦憲法の第一八条には「言語の自由」がうたわれている。じつにスイスらしい規定である。

▲アンリ・ヴァン・ミュイダン画「シエールの村にて」（**1895年**）　この村は言語境界上にあり、フランス語とドイツ語の両方が使われてきた。なおシエールはフランス語名。ドイツ語ではジーダースという。

言語境界の形成（中世初期）

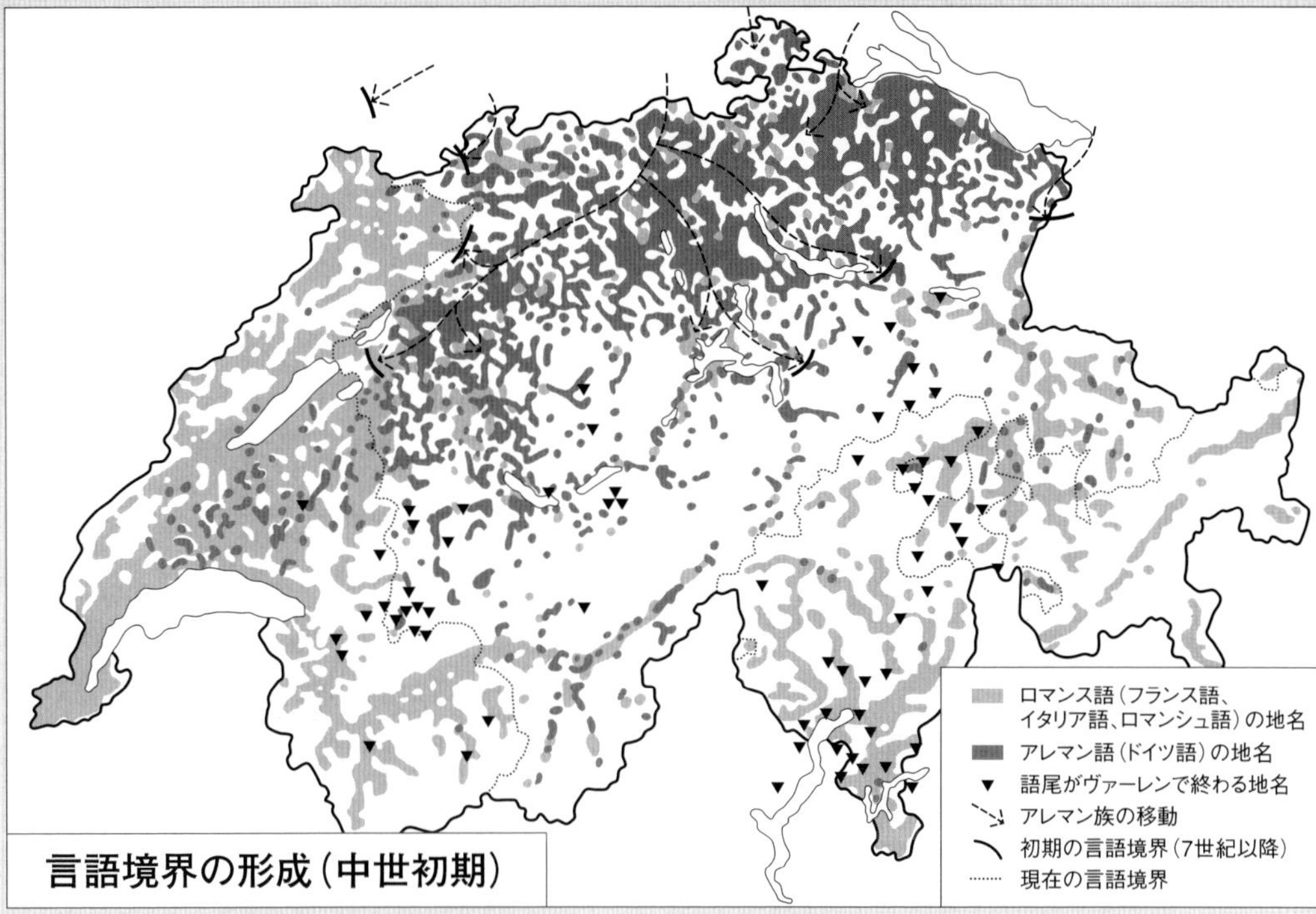

▲▼言語境界は7世紀以降に明確になる。境界地帯には「ヴァーレン」で終わる地名が多いが、それはゲルマン語で「異民族（の地）」を意味する。

4言語の分布（現代）

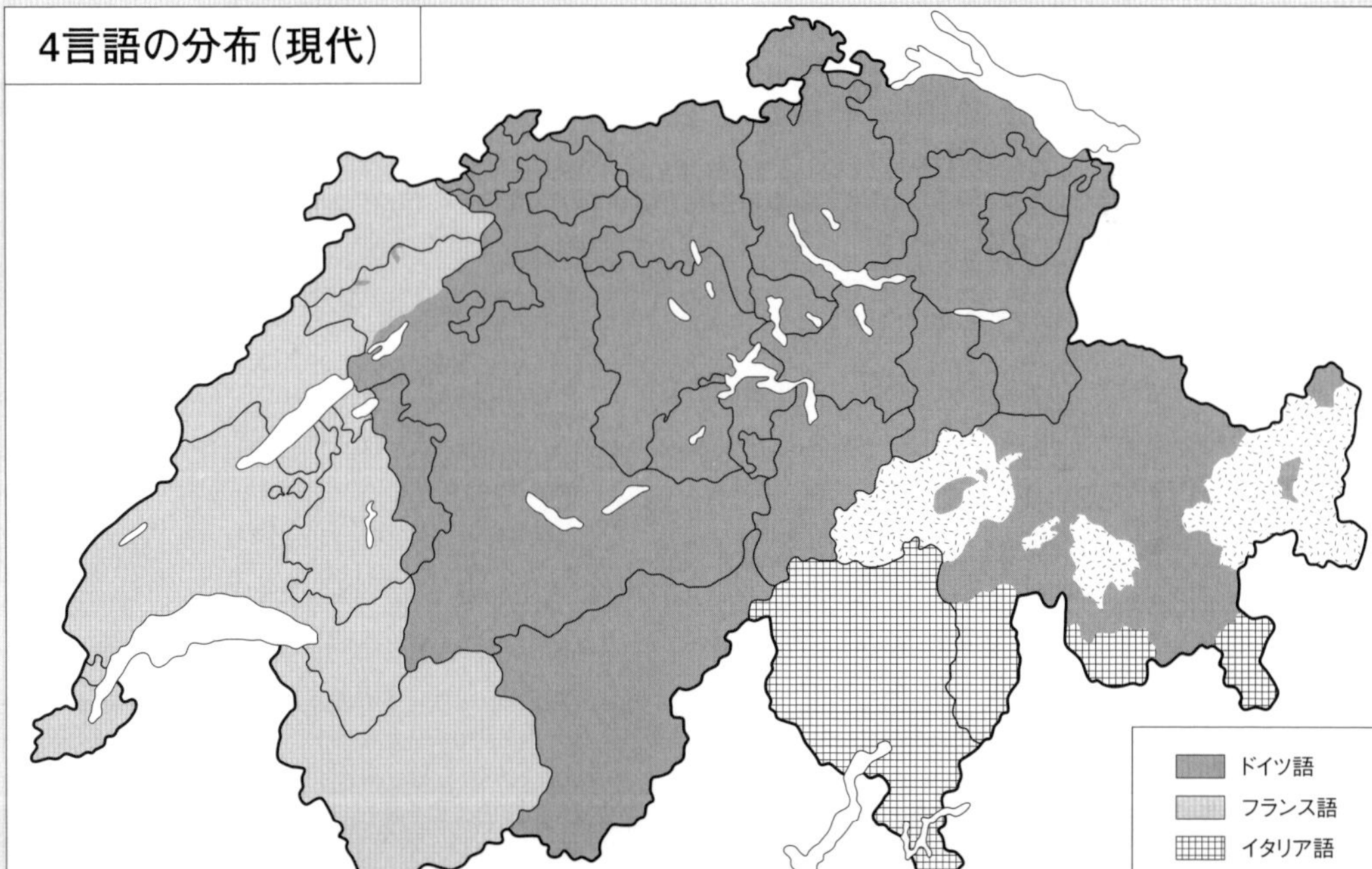

第二章 スイス盟約者団の成立と発展

1 ザンクト・ゴットハルト峠とスイス中央部の発展

✚三つの条件

一三世紀後半以降、スイス中央部、フィーアヴァルトシュテッテ湖周辺では「下から」の新しい国家形成が始まる。そこにはいくつかの好条件があった。第一に、この山岳地帯では大貴族の支配が未確立であったこと。第二に、ザンクト・ゴットハルト峠道の開削がこの地の経済的意義を高め、農民と市民の成長を促したこと。そして第三に、神聖ローマ皇帝がイタリア政策を遂行するうえで交通の要となるアルプスの峠の民を優遇する措置をとったことである。

✚都市の動向

温暖な中世盛期の人口増、三圃《さんぽ》制の発達、市場と商業活動の活性化、貨幣経済の浸透、都市の発展といったヨーロッパ的現象はスイスでもみられた。この時代には封建貴族も競って都市を建設したが、それは市場開設による現金収入と防衛拠点の確保のためであった。スイスには一三世紀の建設ラッシュを経て二〇〇近い都市がひしめいたが、その大半は人口五〇〇人に満たない小都市であり、一四世紀に荒廃したものも多い。のちに領域国家に成長するのは、チューリヒ、ベルン、ルツェルンなどの比較的大きな都市である。

市民は都市法によって自由身分を得ており、高い政治意識と自治意識をもっていた。これに対して農村世界の住人は一般に領主に人格的に従属する不自由民（農奴）であり、自由身分の獲得は容易ではなかった。ところで、初期の都市政治は大商人や騎士層を担い手としたが、一三世紀末以降、手工業者や小商人から成る新しいギルド（ツンフト）が力をつけ、その政治運動（ツンフト闘争）が成功した都市では彼らも政治に参加していた。諸都市は周辺の貴族が引き起こす戦乱のなかで相互援助や経済的利益の維持を目的として同盟を結ぶこともあった。スイス一帯における最初期の例は一二四三年のベルン・フリブール間の同盟であり、これにはムルテン、アヴァンシュ、パイエルヌ、ビール（ビエンヌ）、ヌシャテル、ゾロトゥルンなども加わった。一二七五年には農村オーバーハスリ（農村でありながら貴族に従属せず、皇帝が直轄支配を行う帝国代官区）が帝国都市ベルンと対等な立場で同盟を結んだ。ここには都市世界を超えた同盟形成のダイナミズムがうかがえる。ただしオーバーハスリは一四世紀前半に皇帝によって抵当物として売却され、その後ベルン領に編入された。なおベルンを中心とする同盟体は「ブルグントの盟約者団」と呼ばれた。他方、東のチューリヒやコンスタンツは一二五五年にライン都市同盟に入った。また一三世紀末にはボーデン湖一帯の諸都市がハプスブルク家に対抗する同盟を結んでおり、シャフハウゼンやザンクト・ガレンもこれに加わった。このように諸都市は、スイス誕生以前にさまざまな同盟を縦横に結んでいた。

✚山岳農民の世界

スイス中央部の山岳農民も自治精神にあ

ふれていた。一三世紀以降はアルプス地方でも穀物栽培が行われたが、やはり中心は牧畜であった。高地の民は厳しい自然環境のなかで家畜を飼い、共同で牧草地や森を管理し、水利事業を営むなかで強い仲間団体（ゲノッセンシャフト）の絆を育てた。彼らは市場にも出入りし、肉やチーズを売って現金を得た。

◀「悪魔の橋」ウィリアム・ターナー画（一八〇四年）。橋はザンクト・ゴットハルト峠道の最難所シェレネン峡谷に架けられた。

峠道の運送業も現金をもたらした。運送業者も仲間団体的に組織され、都市のツンフトと同じく営業の独占と利益の最大化のために規約を定め、運送方法を統制し、荷物を分配した。ザンクト・ゴットハルト峠道の開通の恩恵は大きく、自由身分を買い取った山岳農民の共同体も多い。

そもそもアルプスの山岳地帯は三圃制にもとづく領主的な農業経営が困難な土地であり、人々は耕地に縛りつけられてはいなかった。加えて牧人の世界には武器の所持と狩猟の伝統があり、その自己意識は下級貴族に近かったともいわれる。彼らは貴族然としており、アレマン公さえ彼らの前で帽子をとったという伝説がある。その真偽は不明であるが、アルプス地方には古い下級貴族（騎士）の家系にさかのぼる氏族も住んでいた。彼らは平民とともに自治運動を担い、外部の領主や都市を相手に交渉し、また戦っていた。上ヴァリス地方からフルカ峠を越えてきた移民集団ヴァルザーも、自治的共同体を築いた集団の一つである。彼らは領主の誘いで開墾者となった自由人であり、平野部の農民（農奴）とは異なっていた。ウーリの南、ザンクト・ゴットハルト峠道沿いのウルゼルン（ウルゼレン）に住んだヴァルザーたちは、故郷の渓谷地帯に普及していた土木技術を用い、峠道の開削に力を尽くした。なおウルゼルンはディーゼンティス修道院の領地であったが、一二三九年に帝国代官区になっていた。

アルプスの自由な農民共同体は、北イタリアの農村コムーネの影響を受けて生まれたともいわれる。北イタリアの封建勢力との関係も強く、ティチーノの三つの渓谷（レヴェンティーナなど）の農民は一二世紀末、シュタウフェン家の帝国代官に抵抗して盟約を結ぶが、その際ミラノ大司教の支援を受けていた。聖俗の貴族が打算によって農民共同体を助けることもあったのである。

✚ 新しい峠道

ザンクト・ゴットハルト峠道は一二世紀にイタリア側から開かれつつあったが、商業に使われるようになるのはスイス側の出口、シェレネン峡谷が一二〇〇年頃に開削されてからである。工事にはツェーリンゲン家も関与したというが、詳細は不明である。いずれにせよ、その開通でアルプスを縦断する新しい国際交易路が生まれ、峠道の運送業やフィーアヴァルトシュテッテ湖、マジョーレ湖などの舟運業も栄えた。街道筋の都市ルツェルンやツークには多くの旅人が到来し、ミラノやローマに、またバーゼルやフランクフルトに向かった。ライン河畔の都市バーゼルはネーデルラント方面への旅の拠点となった。なお峠道の名は旅人の守護者、聖ゴットハルト（一一世紀のヒルデスハイム司教）に由来し、一二三〇年頃にミラノ大司教がその名を冠した礼拝堂を峠に建てたことによる。

2 原初三邦の盟約

✚ 自由の獲得

中世スイスのザンクト・ゴットハルト峠は、交易規模の点ではオーストリアのブレ

▲現在のシェレネン峡谷　古い橋はなくなり、鉄道と自動車道が縦横に走っている（著者撮影）。

◀「スイス揺籃の地」　一九〇一年に連邦議事堂に飾られたシャルル・ジロンの大作の原画。眼下に伝説の地リュトリ（手前）、フィーアヴァルトシュテッテ湖（中央）、ウーリの村（対岸）が描かれている。

ンナー峠には及ばなかった。しかしスイス国家の形成にとって何より重要なのはゴットハルトである。それはシュタウフェン家の皇帝たちがミラノやジェノヴァ方面に通じる新しい最短の交易路を求めていたからである。一二三一年、ウーリの渓谷共同体に自由特許状が付与され、ハプスブルク家の支配からの解放と帝国直属の地位（自由）が約束されたのは、そうした背景による。なお、この場合「自由」とは皇帝以外の貴族の支配を受けない特権的地位のことであり、「独立」を意味しない。

一二四〇年にはシュヴィーツの渓谷共同体も同種の自由特許状を得た。教皇に破門され、イタリアで戦う皇帝フリードリヒ二世に援軍を送った功績も評価されてのことである。特許状の発行場所は北イタリアのファエンツァである。帝国直属となった山岳農民の共同体は都市と同じように法文書を整え、知事（ラントアマン）を選び、印章を行使した。ウンターヴァルデン（ニー

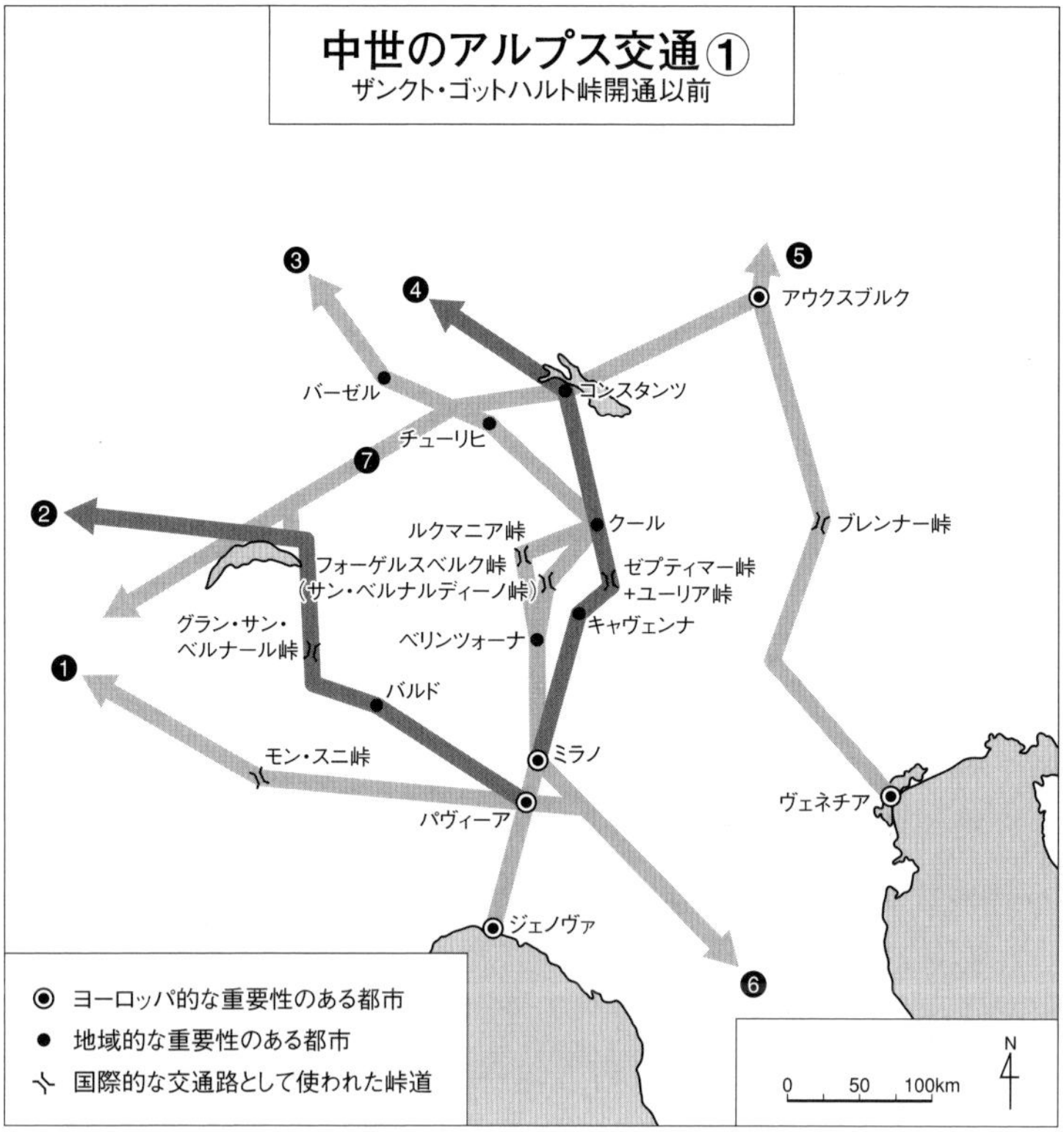

❶フランス方面 ❷フランス・イギリス方面 ❸オーバーライン地方・ネーデルラント方面 ❹シュヴァルツヴァルト・オーバーライン方面 ❺中部および北部ドイツ方面 ❻トスカナ・ローマ方面 ❼中部台地の交通路（ボーデン湖から南フランスまで）

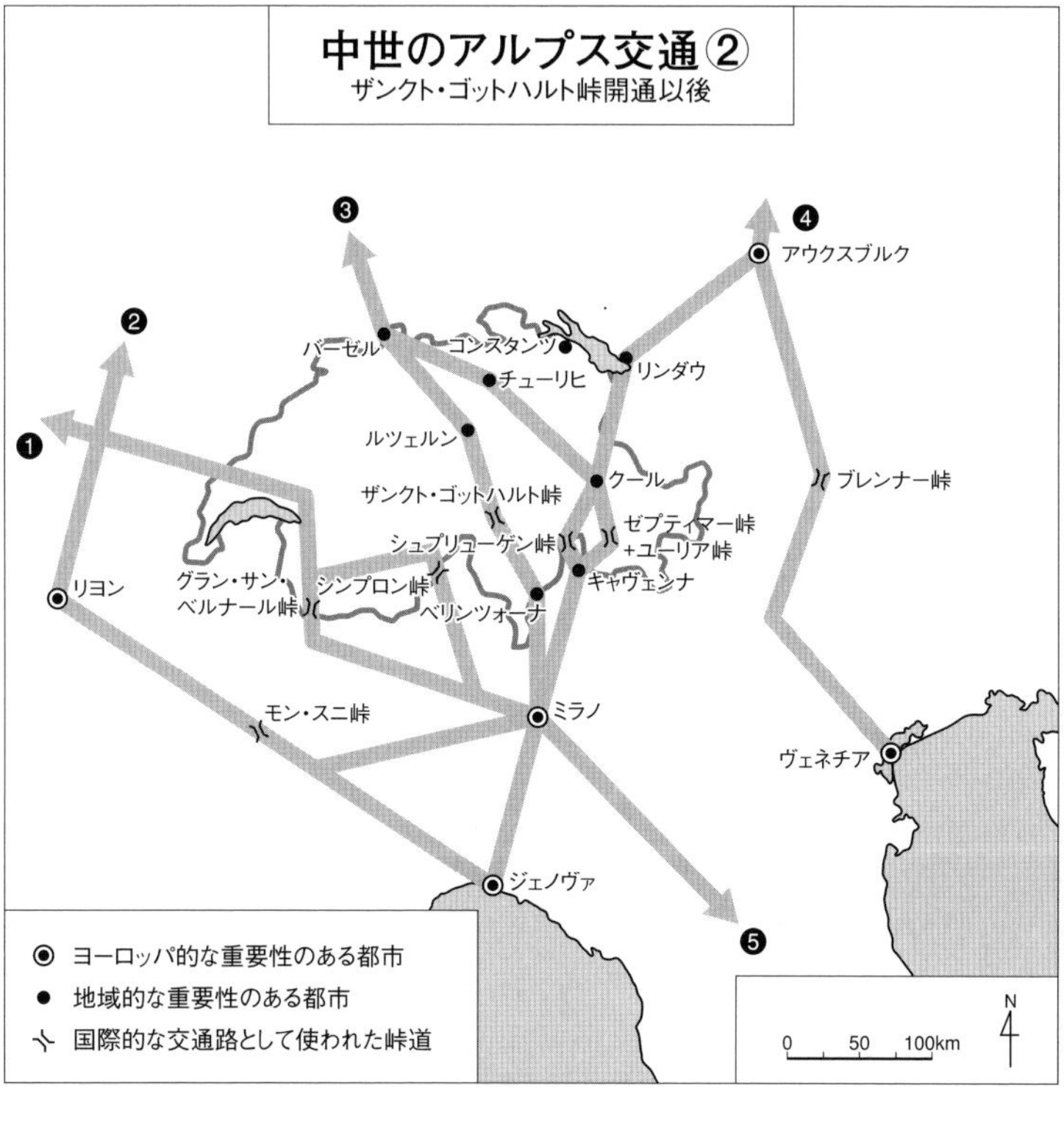

❶ブルゴーニュ・フランス方面 ❷ネーデルラント・イギリス方面 ❸オーバーライン地方・ネーデルラント・イギリス方面 ❹ケルン・ニュルンベルク・ハンザ諸都市方面 ❺フィレンツェ・ローマ方面

トヴァルデンとオプヴァルデン）にも皇帝派がいたが、ハプスブルク・ラウフェンブルク家などの貴族や修道院（エンゲルベルクやムルバハ）の支配権ゆえに解放が遅れ、帝国直属の承認は一三〇九年である。もちろんこれはハプスブルク家に帝位（王位）がない時期のことであり、当時の皇帝はルクセンブルク家のハインリヒ七世であった。ハインリヒはザンクト・ゴットハルト方面に帝国直属勢力を根づかせようとしており、それは貴族である必要はなかった。

✚永久同盟

ウーリ、シュヴィーツ、ウンターヴァルデン（厳密にはニートヴァルデン）の代表者たちは一二九一年に「永久同盟」を結ぶ。それは「古くからの同盟の更新」という形式の領域平和（ラントフリーデ）同盟であった。「古くからの同盟」の詳細は不明である。ともあれこの文書は、敵対勢力から渓谷共同体を守るための相互援助を約し、身分制の原理や主従関係を承認しつつ、「よそ者の裁判官」を認めず、渓谷共同体がその権限を認めている裁判官の判決だけに従うこと、盟約者間の紛争は「仲裁」で解決することなどを決め、殺人・強盗・放火などの重罪犯の処罰の方法を確認している。ここには、帝国直属の地位を梃子《てこ》にしてハプスブルク家などの外部勢力に抵抗する渓谷の民の自己主張が読みとれる。ただし、この「原初三邦」の連帯は封建社会の内部で成立したものであり、貴族を一掃する運動ではない。渓谷共同体内にはツェーリンゲン家の時代に定住した下級貴族や家人層もおり、門閥社会が存在していた。ウーリのアッティングハウゼン家は、そうした下級貴族の典型である。また山岳農民の世界では私戦（フェーデ）が絶えず、その仲裁には領主層も関与していた。一二五七年にウーリの氏族間紛争（イッツェリ家とグルオバ家）を仲裁したのはハプスブルク家のルドルフである。前述の「古くからの同盟」は、彼がドイツ王になり、一二八七年に発した帝国平和令であるとの推測もある。それはフリードリヒ二世による一二三五年のマインツ帝国平和令の更新版で、各地に領域平和同盟を誕生させたとされる。ともあれ渓谷の民とハプスブルク家の関係は、抑圧と抵抗の図式だけでは捉えられない。

▶永久同盟文書（一二九一年） 現物は他の重要な歴史的文書とともにシュヴィーツの連邦文書館に収められている。

なお帝国代官は在地の人々にとってはよそ者の支配者であり、警戒の対象であったが、法的手続きの際には重要な役割を担っており、たとえば一二三四年のある国王文書はウーリの代官（ミニステル）と渓谷共同体（ウニウェルシタス）の両方を宛名としていた。すでに述べたとおり一三〇九年にハインリヒ七世は原初三邦の帝国直属を承認したが、同時に三地域を単一の帝国代官区とし、アールガウ出身のヴェルナー・フォン・ホームベルク伯を代官にしている。それは名目ではなく、伯は現実に役割を果たした。たとえば就任の年に彼はシュタンスで仲裁文書を作成し、ハプスブルク支配下のルツェルンの舟運業者がフィーアヴァルトシュテッテ湖を自由に航行する権利を原初三邦に認めさせ、紛争を防いでいる。

3 同盟の更新と拡大

✚モルガルテンの戦い

ハプスブルク家はオーストリアの経営に力を注ぐ一方、スイスの支配地も重要視していた。エルザスのムルバハ修道院の所領であったルツェルンでは、修道院の代官職を利用してハプスブルク家が一二九一年に支配権を確立し、アルプスの交通をにらむ関所を管理して原初三邦を悩ませた。その周辺ではグラールスが一二六四年に、ツーク（都市と農村部）が一二七三年に同家の支配下に入り、後者は要塞化された。この時期のハプスブルク家の動向は、一四世紀前半の土地台帳からわかる。

一方、一二九一年に誕生した原初三邦の永久同盟は、後述するように一三一五年に更新され、いっそう強化された。それは当時の帝国の政治的混乱とも関わっていた。一二九一年七月にハプスブルク家のルドルフ一世が死去すると、西南ドイツやオーストリア方面で反ハプスブルクの反乱が起き、世継ぎのアルブレヒトは王位につけず、翌年にナッサウ伯アドルフがドイツ王に選ばれた。原初三邦の永久同盟が誕生したのはルドルフ死後の空位の時期である。新王は永久同盟を味方につけ、ウーリやシュヴィーツの帝国直属の地位を再確認する。しかしその死後、一二九八年にハプスブルク家が返り咲き、アルブレヒト（一世）の治世が始まる。ところが彼は一三〇八年に身内に殺害され、次の王には息子フリードリヒではなくルクセンブルク家のハインリヒ七世が選ばれた。原初三邦は前述のようにこの王によってハプスブルク支配からの自由を保証される。しかし彼の死後またしても王位争いが起こり、一三一四年、バイエルンのヴィッテルスバッハ家のルートヴィヒ四世とハプスブルク家のフリードリヒ一世（美王）の二重選挙が行われた。原初三邦は当然ルートヴィヒの側についたため、フリードリヒが三邦の住民に帝国追放刑を科

◀中世の貴族文化　チューリヒの騎士マネッセ家が収集した『マネッセ写本』の細密画（一四世紀前半）。貴族たちの武勇と高貴な愛（ミンネ）が描かれている。左下の図に見える馬上の騎士はヴェルナー・フォン・ホームベルク。

し、ルートヴィヒがそれを解除するという波乱も起きた。フィーアヴァルトシュテッテ湖ではルツェルン（ハプスブルク側）の船が三邦を攻撃し、ザンクト・ゴットハルト峠は封鎖された。一方、ハプスブルク家の代官が支配するアインジーデルン修道院ではシュヴィーツを相手とする境界紛争が起き、シュヴィーツ側による略奪も起きた。

一三一五年の夏、フリードリヒ美王の弟、オーストリア公レオポルト一世が遠征を企て、ツーク経由でシュヴィーツ方面に攻めてきた。決戦は一一月一五日の早朝、エーゲリ湖畔のモルガルテンで行われた。シュヴィーツとウーリの軍勢は、山中の隘路《あいろ》を行くハプスブルク軍に奇襲をしかけ、崖の上からの投石やヘレバルデ（斧槍）を使った攻撃で騎士たちを坂の下のぬかるみに転落させ、歩兵たちを湖に突き落とした。農民戦士が貴族を破ったこの戦いは中央スイスの人々に誇りを与え、毎年一一月一五日には記念祭が行われるようになる。

✚ 永久同盟の更新

同じ年の一二月九日、三邦の代表者がシュヴィーツ領のブルンネンに集まり、一二九一年の文書をラテン語からドイツ語に訳して更新する手続きを行った。そこには重要な追加事項もあった。三邦は互いの同意なしに新領主を迎えたり協定を結んだりしてはならないこと。違反者は厳罰に処すこと。これまで三邦内で認められてきた領主の諸権利は彼らが三邦に敵対行動をとらないことを条件に認めること。明らかに三邦は、共同の外交方針と立法へと歩みを進めていた。一三一六年、国王ルートヴィヒは三邦の権利を承認し、オーストリア公が三邦内に有する諸権利を帝国に接収する決定を下した。ハプスブルク側はこれを認めなかったが、原初三邦の自立化を止める術はなかった。

✚ ルツェルンとの同盟

原初三邦は次々に同盟者を増やしていった。四番目の同盟者はルツェルンである。この都市はベネディクト会のザンクト・レオデガル修道院を核とした集落であり、同修道院は八世紀にカロリング家の寄進で建てられ、九世紀に前述のムルバハ修道院の支配下に入っていた。都市の建設者は、院長を出した家門、エッシェンバッハ家である（一二世紀末）。ルツェルンはザンクト・ゴットハルト峠道の交通ゆえに一三世紀に栄え、参事会と市民総会による自治を行うなか、一二五二年に誓約文書を作成して法制度を整えた。しかし一二九一年にハプスブルク家のルドルフがムルバハ修道院から諸権利を買いとってから自治は圧迫され、都市代官（首長）には領主に忠実な者が選ばれるようになる。市民は原初三邦との争いに動員され、モルガルテンの戦いにも従軍させられた。もちろん商人や運送業者もこの戦乱で大きな被害を受けた。

一三二六年、オーストリア公レオポルト一世が死去すると、市参事会内部に有力市民（門閥）中心の反オーストリア派が形成された。やがて彼らは全市民を巻き込んで一三三一年に自治拡大要求を掲げるが、これは失敗に終わる。そこでルツェルンは原初三邦に接近し、一三三二年一一月、新しい同盟を成立させた。同盟文書は、三邦における帝国の権利、およびルツェルンにおけるハプスブルク家の権利を「古い慣習」の範囲で認めたうえで相互援助を定めている。そして相互の同意のない新たな同盟締結を禁じ、紛争の仲裁方法を記している。また、原初三邦が争う場合、ルツェルンは多数派につき、解決を早めることを求めている。このルツェルン同盟はブルンネンの同盟文書（一三一五年）にならっているが、処罰規定がない点でゆるやかである。なおハプスブルク家がルツェルンに有する諸権利は一三八六年のゼンパハの戦い（後述）まで保たれるが、それでも山岳農民の同盟が都市と連帯した意味は大きい。原初三邦にとって新しい同盟は、フィーアヴァルトシュテッテ湖の安全を守り、中部台地に進出する機会になった。ところで、フィーアヴァルトシュテッテ湖とはドイツ語で「森林四邦の湖」という意味であり、その名は原初三邦とルツェルンの密接な関係を示している。なおフィーアヴァルトシュテッテ湖という表現が定着するのは一六世紀以降であり、それ以前はルツェルン湖と呼ばれていた（現在もそれは通称として残っている）。

◀モルガルテンの戦い（一三一五年）　ディーボルト・シリング『ベルン年代記』（一四八〇～八四年）の挿絵。溺れる騎士たちの姿が印象的である。右上には原初三邦の紋章を描いた旗が掲げられている。

✚チューリヒ、グラールス、ツークとの同盟

チューリヒはアルプス越えの重要な中継地として栄え、さらにチューリヒ湖とリマト川の水上交通もこの都市に繁栄をもたらした。一二一八年に帝国都市となって以後は自治が進み、市内の織物業（羊毛、亜麻布、絹布）の隆盛も手伝って富が蓄積されていった。しかし市政は大商人の門閥や騎士層による寡頭政に陥っており、手工業者や小商人は不満を抱いていた。ハプスブルク家への臣従ゆえにモルガルテンの戦いに駆り出され、多くの死傷者を出した騎士層にも不満があった。そうした状況下、騎士ルドルフ・ブルンに率いられた市民たちが一三三六年にツンフト革命を起こし、有力門閥を追放して一三の手工業者・小商人団体の代表者（ツンフト長）を市参事会に送り込む体制を築いた。ただし門閥団体（コンスターフェル）にも市参事会に議席が与えられており、古くからの特権が全廃されたわけではない。他方、追放された旧体制派は復讐を誓いつつ、チューリヒ湖岸（南東部）のラッパースヴィル（ハプスブルク領）で亡命生活を送る。一三三七年にはルートヴィヒ四世が新体制を承認し、一三四六年に即位したルクセンブルク家のカール四世も追認を行う。ブルンは一三五〇年にラッパースヴィルを攻めて破壊するが、それはスイス中央部への通路の安全を守るためでもあった。なおブルンは終身市長としてツンフト体制を守った。

オーストリア公アルブレヒト（二世）の反撃が予想されるなか、チューリヒは森林

▲水上交通の要地ルツェルン　中世にはロイス川とフィーアヴァルトシュテッテ湖を行き交う船がアルプスの南北交通を支えていた（写真＝スイス政府観光局）。

▼シュヴィーツ全景（近世）　マテウス・メーリアンのスイス地誌（1654年）の挿絵。「スイス」の語源になったとは思えないほど小さい集落である。右下の波止場がブルンネン。

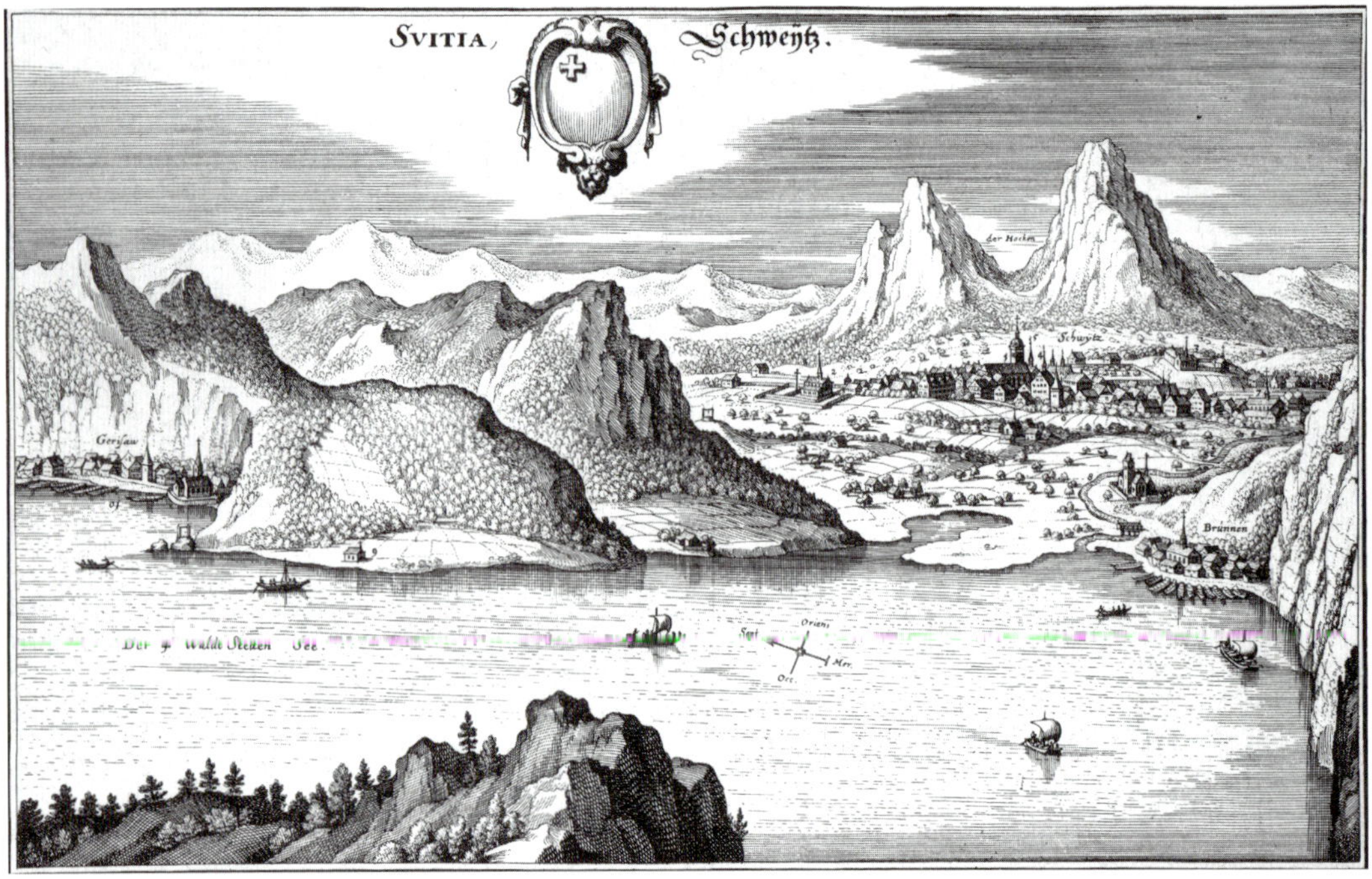

四邦に近づき、一三五一年五月、新同盟、チューリヒ同盟を成立させる。この同盟の特徴は地域を明示した相互援助の規定にある。その範囲はスイス東北部・中央部からアルプスの峠を越えたイタリア語圏に及んだ。これはチューリヒの経済圏（貨幣通用圏）およびウーリのアッティングハウゼン家の進出地とほぼ重なっていた。この同盟文書には仲裁裁判の方法に関する詳しい規定もあり、紛争当事者が二名ずつ裁判官を出し、さらに彼らが別に裁判長一名を選ぶとされている。諸邦の代表者が協議を行う場所もアインジーデルンと定められた（シュヴィーツとの境界紛争はアインジーデルン修道院側の譲歩で解決していた）。なおチューリヒ同盟は四邦側にもチューリヒ側にも別の同盟を結ぶ自由を認めており、強制力が弱い点で受け入れやすく、その後の同盟のモデルとなる。

　同盟締結によって森林四邦を味方にしたチューリヒはハプスブルク領に攻撃をしかけ、グラールスとツークを新たに同盟に引き入れる。グラールスでは一三世紀末に渓谷共同体の自治が進展し、ハプスブルク支配への抵抗の機運が高まっていた。グラールス同盟は一三五二年六月四日に結ばれるが、軍事援助の規定が不平等であり、グラールス側の援助義務のほうが重かった。なおルツェルンはこの同盟に直接は参加せず、付属文書に名を連ねただけである。なぜならグラールス同盟には反ハプスブルク的な性格が濃厚で、まだ同家の支配権を残すルツェルンには慎重意見があったからである。

　ツークはチューリヒと森林四邦の中間点つまり南北交通をはばむ場所にあり、五邦にとってハプスブルク家の支配権は障害そのものであった。そのためチューリヒとシュヴィーツはツークへの侵攻作戦を実行に移す。なおツークは都市と農村部（アムト）に分かれていたが、後者においてはとくに反ハプスブルク感情が強く、住民は解放を願っていた。ツーク同盟の締結は一三五二年六月二七日である。その内容はチューリヒ同盟とほぼ同じであった（なおグラールスはこの同盟の構成者にはならなかった）。

✚ベルンとの同盟

　ベルンは一二一八年に帝国都市となったが、市政を動かしたのは門閥である。彼らは地代収入を求めて農村部に触手を伸ばし、周辺の封建領主と争うなかで同盟相手を求めていた。一三三九年にベルンがブルグントやハプスブルク領の貴族を相手に勝利を収めたラウペンの戦いには原初三邦が援軍を出しており、これが信頼関係の基礎となった。ところで、のちにスイス国旗の図案となる白十字はラウペンの戦場でベルン兵が識別用に身につけた布に由来するという（ただしキリスト磔刑図をあしらった軍旗は古くからあった）。

　この時期にベルンが獲得した地域にはウンターヴァルデンに隣接するベルナーオーバーラントも含まれていたが、住民は原初三邦と同じ自由を得ようとし、三邦側も協力する姿勢を示していた。ベルンはこれを防ぐ目的もあり、一三五三年三月に原初三邦と同盟を結ぶにいたる。この同盟では包括的な相互援助が約され、共同の会議や仲裁裁判の開催が定められたが、強制力のある内容はほとんどなかった。なおチューリヒとルツェルンは付属文書に署名しただけで、グラールスとツークは関係しなかった。それでもフランス語圏を含む西部スイスに同盟が広がった意味は大きい。

一二九一年から一三五三年の同盟の拡大によってスイスは「八邦同盟時代」に入り、それは一四八一年まで続く。個々の同盟は内容も構成者も異なり、八邦の関係はモザイク状であったが、それでも時とともに連帯は深まっていった。

4 中世スイス国家の隆盛期

＋諸協定と解放戦争

一四世紀後半、八邦同盟は数多くの対外戦争と内部的協定によって連携を強め、スイス国家の土台を固めた。ただし八邦の対ハプスブルク外交は一枚岩ではなく、チューリヒは一三五六年にオーストリアと協定を結び、市長ブルンはハプスブルク家から年金さえ受けた。ベルンも一三六三年にオーストリアと同盟を築いていた。

しかしオーストリア公ルドルフ四世の敵対的行動が諸邦の警戒と団結の強化を招く（ルドルフ四世は大公を自称したが、オーストリア大公位の正式承認は一四五三年である）。一三七〇年一〇月、諸邦は「坊主協定」を結び、オーストリアの臣民も「わ

▶グラールスの谷　メーリアンのスイス地誌（一六五四年）より。アルプスが天然の要塞となり、リント川（手前）に沿う谷に住む農民を守った。春に強まるフェーンは火事を頻発させ、家屋の石造化と道幅の拡張が進んだ。

▶要塞都市ツーク　ハプスブルク家の支配下に要塞化され、その門（現在の時計塔）も厳重に警備されていた（写真＝スイス政府観光局）。

れら盟約者団」の領域に住む場合は盟約者団に忠誠を誓うこと、聖職者といえども盟約者団内の世俗の裁判を免れないこと、盟約者団全域の街道の安全を確保すべきこと、私戦は禁止すべきことなどを約した。ただしこの協定にベルンとグラールスは加わらなかった（ツークは対等な立場で参加する）。なおこの時期に出現する盟約者団（アイトゲノッセンシャフト）という用語は、現在では「連邦」と訳されるが、当時は盟約を結んだ人間集団（団体）を意味した。

ハプスブルク家は父祖の故郷であるスイスの地に執着し、ルドルフ四世の弟レオポルト三世はバーゼル、ゾロトゥルン、ベルン方面に進出を企て、ルツェルン周辺地域の支配の強化も試みた。この行動は一三八六年七月の軍事衝突、ゼンパハの戦いにつながる。この戦いにおいては、シュヴァーベンやエルザスから到来したハプスブルク側の騎士軍がルツェルンと原初三邦の軍勢によって敗走させられ、レオポルト自身、三五歳の若さで戦死することになる。ルツェルンは周辺領域の支配を強め、盟約者団の名声は遠く北欧や東欧にも届いた。なお「スイス」の地名は当時のドイツの年代記などで盟約者団の土地が「シュヴィーツ」の名で代表されたことによる。

ゼンパハの戦い以後、ハプスブルク家はスイス内の領地を次々に失う。一三八八年にはグラールスがネーフェルスの戦いでハプスブルクの騎士軍を打ち破った。グラールスでは現在もその戦勝の日（四月の第一木曜日）に記念祭が行われている。一三八

▲ラウペンの戦い（一三三九年）　胸と背に「スイス十字」を縫いつけた戦士たちが描かれている。シリングの『シュピーツ年代記』（一五世紀後半）の挿絵。

▲ネーフェルスの行列祭　グラールスではハプスブルク軍を破ったネーフェルスの戦い（一三八八年）を記念し、戦死者を追悼する行事が現代まで続いている。

▲ゼンパハの戦い（1386年）　ハプスブルク側の重装備の騎士たちが血しぶきをあげて倒れている。シリング『ルツェルン年代記』（16世紀前半）の挿絵。

▼温泉のある小都市バーデン　この都市はチューリヒと同じくリマト川に面している（写真＝スイス政府観光局）。

◀都市ザンクト・ガレン　ザンクト・ラウレンツェン教会の塔からの眺望（写真＝スイス政府観光局）。

九年にはハプスブルク家とスイス諸邦の休戦協定が成立し、グラールスだけでなくルツェルンとツークも同家の支配からの離脱を確実なものにした。その後、一三九三年七月、諸邦は領域平和と野戦規定を内容とする「ゼンパハ協定」を結ぶ。それはスイスの領域的結合を促進するものであり、八邦のすべてが参加した点が注目される（ベルンの同盟者ゾロトゥルンも参加した）。

この時期スイス諸邦は、都市および中心的村落の周辺に支配権を広げ、領域国家化に向かっていた。ただしそれは自由を求めた人々が自ら領主支配に手を染めることを意味した。しかしそれでも、スイス諸邦が封建貴族を破った戦いの数々は、周辺地域の解放闘争に影響を与えた。とくにザンクト・ガレン修道院支配下のアペンツェルでは農村共同体（ローデ）の自治意識が高まり、反乱が起きた。アペンツェル住民は盟約者団に支援を求め、一四一一年に一〇年期限の保護同盟が成立した。諸邦はアペンツェルの自治を保証し、かつ東スイスへの進出の足場を築いた。同じ修道院に支配される都市ザンクト・ガレンも翌年、スイス諸邦の保護同盟下に入る。保護同盟は不平等であったが、弱小の共同体にとっては自立化への第一歩であった。

✚共同支配地と従属邦

一四一五年、教会大分裂（シスマ）のなか、ルクセンブルク家の皇帝ジギスムントはピサ系の対立教皇ヨハネス二三世と争っていた（当時のローマ教皇はグレゴリウス一二世、アヴィニョン教皇はベネディクトゥス一三世）。対立教皇支持者であるハプスブルク家のフリードリヒ四世（レオポルト三世の子）を討つため、皇帝はスイス諸邦にハプスブルク領のアールガウを攻撃させた。この地はスイス東西の領域的な接続に役立つため、諸邦は最終的に一万グルデンを支払って抵当地とし、支配下においた。こうしてアールガウにはスイス最初の「共同支配地」が誕生する。具体的にはベルン領アールガウ以外のフライエ・エムターとバーデン伯領である。その統治は諸邦が二

▶盟約者団会議　バーデンでの会議のもようを描いた一六世紀末の細密画。使節たちは邦の紋章の下の指定席に座った。

年交替で地方代官を派遣して行った。そして一五世紀前半から諸邦は、共同支配地や保護同盟に関する協議の必要から「盟約者団会議」を開くようになる。一四一六年からその開催地となったバーデンは、外国使節も好む温泉地であった。

一五世紀後半までに諸邦と保護同盟を結んだ地域の多くは「従属邦」と呼ばれた。アペンツェルや都市ザンクト・ガレンに加え、それらの領主であるザンクト・ガレン修道院、都市シャフハウゼン、シュタイン・アム・ライン、フリブール、シュヴァーベンのロットヴァイル、エルザス（アルザス）のミュールハウゼン（ミュルーズ）がそうである。ゾロトゥルンやビール（ビエンヌ）、ヌシャテルもそれぞれ諸邦と保護同盟を結んでいた。従属邦は盟約者団の正式メンバーではなく、共同支配地の経営にも参加できないが、安全保障上の恩恵は大きかった。

一四六〇年、盟約者団はトゥールガウをハプスブルク家から奪い、新たな共同支配地とした。これによってハプスブルク家はボーデン湖とライン川の北に追いやられた。さらに盟約者団の支配は南にも拡大する。一五世紀前半にウーリとオプヴァルデンの軍隊がアルプスを越え、レヴェンティーナの谷をティチーノ川に沿って南下し、ベリンツォーナまで占領したのである。しかし北イタリアに広大な領地を有するミラノ公の反撃を受け、一四二二年のアルベドの戦いを経て盟約者団の軍隊は撤退する。ミラノは一二世紀に大司教支配を脱して都市国家を形成し、一三九五年にはヴィスコンティ家を君主とする公領となり、周辺地域ににらみをきかせていた。一四三〇年代末、ウーリの軍隊が再度ベリンツォーナ方面に

▼ベリンツォーナ　中世の最盛期の威容を伝えるカステルグランデとその城壁。斜面にはブドウ畑が広がっている（写真＝スイス政府観光局）。

▲アペンツェルのランツゲマインデ　アペンツェル・インナーローデンはグラールスとともに現在も昔ながらのランツゲマインデを残している（写真＝スイス政府観光局）。

遠征を企てた。この戦いでもベリンツォーナは奪えなかったが、ミラノ支配を嫌うレヴェンティーナを抵当地として獲得することができた。すでにウーリは一四一〇年にザンクト・ゴットハルト峠のすぐ北にある帝国直属の農村共同体ウルゼルン（ウルゼレン）と保護同盟を結び、ベリンツォーナへの道を監視していた。ベリンツォーナは要塞都市で、三つの城をもっていた。そこから南下すればルガーノやコモにいたる。ともあれ、イタリア政策は皇帝だけが行ったのではなく、スイス諸邦も積極的であった。

✚コミューナリズム

スイス盟約者団は、オーストリア公領、サヴォワ公領、ミラノ公領などにとり囲まれながら独自の国家形成を遂げるが、その政治はコミューナリズム（共同体主義）を土台としていた。それは中央スイスの農村邦にみられるランツゲマインデによく表れている。毎年春に武装能力のある男子の邦民全員を集めて開催されるこの集会は、農村邦の最高機関であり、立法を含めて重要事項を審議決定し、裁判を行い、邦知事や重要な官職者を選出する役割を果たした。日常業務は個々の村落や渓谷共同体の代表者たちが構成するラント参事会が担っていた。ランツゲマインデ体制は原初三邦やグ

▶シオン司教のトゥルビヨン城（ヴァレー）　シオン司教はローヌ渓谷に広く支配権を及ぼす強大な封建権力であった（写真＝スイス政府観光局）。

◀司教都市クール（グラウビュンデン）　この地にはローマ時代、四世紀から司教がいたとされる（写真＝スイス政府観光局）。

ラールス、ツーク、アペンツェルで発達する。なおアペンツェルは一四四二年に原初三邦と変わらない帝国農村の地位を獲得し、上級（流血）裁判権も行使できるようになっていた。上級裁判権とは、死刑や四肢の一部を切断する身体刑の対象となる重大犯罪を裁く権限のことである。

　コミューナリズムはスイス諸邦支配下の農村地帯にも広がり、グリュイエール、ベルナーオーバーラント、エントレブーフ、トッゲンブルクなどにもランツゲマインデを組織化する動きがみられた。

　ヴァレーとグラウビュンデンでは、スイス盟約者団とは別の独自の同盟組織が生まれた。ローヌ渓谷のヴァレー（ドイツ語ではヴァリス）はシオン司教の支配を受けていたが、その西部のフランス語圏（下ヴァレー）にはサヴォワ家が勢力を伸ばしていた。東部のドイツ語圏（上ヴァリス）の牧人たちはその支配を嫌い、一三八八年にフィスプの戦いでサヴォワ軍を撃退し、一五一六年に盟約者団諸邦の一部（ルツェルン、ウーリ、ウンターヴァルデン）と保護同盟を結ぶ。そして彼らは七つの共同体（ツェーンデン）の自治組織を整え、それらの代表者によるラント参事会を構成し、ラント首長をたててシオン司教の支配権を切り崩していった。

他方、フォルダーライン川、ヒンターライン川、イン川の渓谷地帯すなわちグラウビュンデンの地は、クール司教やディーゼンティス修道院、ハプスブルク家、群小の地方貴族の支配地が入り組み、自由な山岳農民や移民集団の存在もあって国家形成は進まなかった。一四世紀後半から一五世紀前半にはこの地にも三つの同盟組織（司教領同盟・灰色同盟・十裁判区同盟）が平和維持を目的として誕生する。司教領同盟はクール司教の領地で領民や貴族、市民によって結成され、灰色同盟はフォルダーライン川一体で（灰色の服を着た）農民たちと貴族を主な担い手として生まれ、十裁判区同盟はダヴォスを中心としてかつての支配者トッゲンブルク伯の裁判管区の住民たちによってつくられたものである。三同盟はそれぞれ首長をたて、同盟会議と参事会を運営したが、重要事項の最終決定権は約五〇の裁判区共同体（自律的に裁判を行いうる地域的まとまり）にあり、各共同体は同盟会議の決定に対して拒否権を行使できた。共同体の最終承認を要する事項の仮決定に際しては、アド・レフェレンドゥムというラテン語表現が使われた。なお三同盟は一五世紀末にベルンを除くスイス諸邦と個々に協定を結ぶが、それは東のハプスブルク家の脅威に対抗するためであった。

山岳農民のコミューナリズムは都市の共同体原理と相似関係にある。一四世紀にシュトラースブルク（ストラスブール）からバーゼル、チューリヒ、シャフハウゼン、ザンクト・ガレン、クールに波及したツンフト運動は、騎士や大商人の門閥の権力を縮小させ、旧来の（小）市参事会に加えて拡大市参事会を生みだし、手工業者や小商人の代表たちを政治の世界に送り込んだ。市民総会を行う都市もあったが、集会の規模が大きすぎ、形骸化していった。他方、ルツェルン、ベルン、ゾロトゥルン、フリブールなどは非ツンフト都市であり、門閥の力が強かった。それでも封建貴族に従属しない独立精神は同じであり、都市邦の市長たちと農村邦の知事たちは対外政策の基本方針に関しては一致していた。もちろん法制面や経済面、文化面の差異を背景として都市邦と農村邦には対立があり、それが内紛に発展することもあった。

　中世後期のスイス諸邦は、貴族から購入したり遠征で奪ったりした支配地を統治する領域国家であり、中心都市や中心村落以外の住民は臣従民の扱いを受けた。ここには、かつての被支配者が支配者となる矛盾があった。ただし農奴制は全体として消滅の方向に向かっていた（それでも、農奴制を利用して均質的な臣民層を創出しようとする邦もあった）。なお臣従民も武器を自弁して出征しており、諸邦は反乱防止の観点からも彼らの声に敏感であった。都市邦が徴税や軍事遠征の前にしばしば行った「民衆諮問」（意見聴取）には、そうした背景がある。

◀古チューリヒ戦争　チューリヒ湖の戦い（一四四五年）。この戦争では軍船による激しい戦闘が繰り広げられた。シリング『ルツェルン年代記』（一六世紀前半）の挿絵。

✚内紛と連帯の再強化

　スイス諸邦は一五世紀に何度か深刻な内紛を経験した。その一つはヴァレーを舞台としたラーロン戦争（一四一四～一二〇年）である。この争いはヴァレーの貴族ラーロン家（シオン司教を出した家門）の支配に対する住民の反乱に端を発し、住民側をウーリ、ウンターヴァルデン、ルツェルンが、領主側をベルンが支援したことで生じたが、本格的な衝突は回避された。

　他方、スイス東部のトッゲンブルク伯領

◀ナンシーの戦い（一四七七年）　赤地に白十字の記章をつけた戦士たちが戦闘の前に両腕を広げ、両膝をついて祈る場面。これはスイス独得の祈りのしぐさである。シリング『ルツェルン年代記』の挿絵。

の継承権争いは流血の内戦に発展した（一四三六〜五〇年の古チューリヒ戦争）。チューリヒはグラウビュンデンの峠道への交通を安全にするためにトッゲンブルク伯領の南部、チューリヒ湖とヴァーレン湖のあいだの地域に触手を伸ばし、同じ地域への進出を企図するシュヴィーツと対立関係に陥った。チューリヒの南下を恐れるグラールスがシュヴィーツに味方すると、都市邦と農村邦の対立の構図が生まれた。盟約者団の仲裁はシュヴィーツに軍配を上げるが、チューリヒは納得せずに一四三〇年代に戦端を開き、オーストリアに援助を求めた。当時ハプスブルク家はアルブレヒト二世とフリードリヒ三世を続けてドイツ王位につけ、力を増しつつあった。このとき同家はフランスを巻き込み、百年戦争に動員されたアルマニャック傭兵軍の派遣を求めた。こうして思いがけない国際戦争が始まる。傭兵軍は一四四四年にバーゼル近郊、ビルス川岸のザンクト・ヤーコプの戦いで諸邦の軍隊を敗北させるが、戦線はやがて膠着する。結局この戦争は、チューリヒでの穏健派の権力掌握後、一四五〇年に終結する。和平の結果、チューリヒが編入をねらった地域はシュヴィーツとグラールスの共同支配地になり（ウツナハとガスター）、その北のトッゲンブルク伯領はやがてザンクト・ガレン修道院領になった。チューリヒは諸邦の連帯を乱す行動が重大な結果を生むことを思い知り、それ以後は協調を心がけた。

✚ブルゴーニュ戦争と傭兵契約

一五世紀後半からヨーロッパの君主たちは競ってスイス傭兵を用いたが、その評価はブルゴーニュ戦争（一四七四〜七七年）を機に確立したものである。戦争の舞台であったブルグントの地の西部はフランス王国に帰属し、ヴァロワ家のブルゴーニュ公を支配者としていた。一五世紀後半、ブルゴーニュ公であるシャルル突進公はネーデルラントから地中海にいたる大所領の形成を進めており、スイスにも影響が及んでいた。そうした時期、ハプスブルク家のジークムント公（一四七七年から大公）が一四

▶ニクラウス・フォン・フリューエ（ブルーダー・クラウス）　最古の肖像（一四八七年頃）。クラウスはスイスを救った偉人として敬われ、一六六九年に福者、一九四七年に聖人となる。

▶シュタンスの風景　シリング『ルツェルン年代記』の挿絵。木造家屋が大部分であるが、その密集ぶりは共同体のきずなの強さを推測させる。

六九年、財政難を理由に上エルザスとシュヴァルツヴァルトの所領をシャルルに抵当地として渡し、五万グルデンの資金を得た。シャルルは新領地を厳しく治めた。その結果、エルザスの四都市バーゼル、シュトラースブルク、コルマール、シュレットシュタットが所領の請け戻し運動を起こす。ジークムントはこれに同意したが、シャルルは拒否する。金より領地が欲しかったからである。そのため四都市は盟約者団に支援を求めた。オーストリアも盟約者団と一四七四年に「永久講和」（永久同盟）を結び、スイスで失った所領の放棄を約束してブルゴーニュ公との戦争に備えた。ブルゴーニュ公に味方したのはミラノ公とサヴォワ公である（サヴォワ家は一四一六年に伯から公に昇格していた）。

一四七四年一〇月、スイス諸邦の軍勢がフランシュ・コンテに攻め込んで戦争が始まり、七六年にはグランソンとムルテン（モラ）の戦いでヨーロッパ最強といわれたブルゴーニュ軍を破り、七七年にはナンシーの戦いでシャルル自身を戦死させるにいたる。その結果ブルゴーニュ公領は男子の継承者がいなかったために解体され、シャルルの娘が嫁いでいたハプスブルク家に多くの支配権が移った。盟約者団に関しては、ベルンとフリブールがヴォー地方に、またベルンとヴァレーが下ローヌ渓谷に領土を広げた程度である。

この戦争はスイス諸邦にとっては基本的には防衛戦争であった。しかしその戦勝が諸国に知れわたった結果、スイス傭兵の評価が高まって争奪戦が起き、ミラノ、サヴォワ、オーストリア、教皇との傭兵契約が成立した。なおフランスとの契約はすでに一四七四年に結ばれていた。これ以後、傭兵業はスイス最大の輸出産業となり、スイスの経済と社会に、また文化や風俗に影を落とした。若者の死亡、傷病者の増加、暴力の横行、家族の崩壊、異国の派手なモードや器楽の流行などである。諸邦の権力者が傭兵契約金（年金）で財を成したことや、諸邦の外交的判断に従わない傭兵企業家（門閥）がいたことも問題であった。しかし当時のスイスは、ペストと飢餓の時代を過ぎて人口を増やしており、そのはけ口を必要としていた。また穀物の多くを輸入に頼っており、その購入費用は畜産物の輸出だけではまかないきれず、傭兵業はいわば必要悪であった。

✚シュタンス協定

ブルゴーニュ戦争が終結してもスイス諸邦は騒然としていた。その背景には都市邦と農村邦の対立があった。チューリヒやベルンは戦争への貢献の大きかったゾロトゥルンとフリブールを正式の邦とする提案を行うが、農村邦は発言力の低下を恐れて反対していた。農村邦の暴力的傾向も摩擦の原因であった。たとえば一四七七年にはウーリとシュヴィーツの若い兵士一七〇〇人ほどが騒ぎを起こし、謝肉祭の時期に西部スイスに進軍し、ローザンヌやジュネーヴの人々を恐怖に陥れた。これはブルゴーニュ戦争中、サヴォワ家支配下のジュネーヴが盟約者団に脅されて免焼金（襲撃しない代わりに納めさせる金）を払う約束をしたものの、実行しなかったことに立腹した戦士たちが起こした行動である。戦士たちは、金と飲食を提供されて帰途につく。彼らは不服を示すイノシシを描いた戦旗を掲げたが、豚と誤解され、「豚旗隊の行進」と揶《や》揄《ゆ》された。翌年にはルツェルン領エントレブーフの農民反乱をオプヴァルデンの当局者が扇動し、反乱首謀者が処刑される事件も起きた。都市邦は山岳農民の逸脱を抑制するためにも都市邦の増加を求めていた。同盟の分解も予想されたが、賢者の誉れ高い隠修士ニクラウス・フォン・フリューエ（オプヴァルデンの元政治家）に仲裁が依頼され、彼の働きで和解が実現し、一四八一年一二月に八邦の「シュタンス協定」が結ばれる。

この協定によってゾロトゥルンとフリブールは盟約者団に正式に加盟することができた。また同時に、盟約者団内の争いに武力を用いないこと、当局の許可のない集会や徒党を禁止すること、他邦の臣従地の反乱を扇動しないこと、反乱発生時には諸邦が調停や鎮圧を行うことが約された。こうして一〇邦の代表者たちは、共通の法を増やし、社会に規律をもたらす役割を担いはじめた。なお盟約者団会議の運営方式も整備され、代表者数（各邦二名）、開催場所（バーデン）および議長を出す代表邦（チューリヒ）の固定化が行われた。そして一六世紀までには、効率的な議決のための満場一致方式から多数決制への移行が進んだ。

▲バーゼルの市庁舎　盟約者団への加盟を記念して増築が行われた。写真は中庭。中世および近世の繁栄がしのばれる（写真＝スイス政府観光局）。

▼一六世紀に一三邦時代が始まって以降、スイスの領域は現代とそれほど変わらない。

✚シュヴァーベン戦争

「シュタンス協定」後の平和は、一四九九年、外敵の侵入で破られた。それはシュヴァーベン戦争ないしスイス人戦争と呼ばれる出来事である。この戦争は、またしてもハプスブルク家との対立に起因する。同家は一四四〇年に選出されたフリードリヒ三世の時代から神聖ローマ皇帝の地位を独占し、オーストリア大公としてだけでなく帝国の最高権力者としてスイス政策を行っていた。一四九五年のヴォルムス帝国議会において皇帝マクシミリアン一世と諸侯は帝国改革を試み、公正な裁判によって紛争を解決するための帝国最高法院の設置、一般帝国税の徴集などを決めたが、スイスはこの決定に強い不満をもった。スイス諸邦には領域外の裁判所に召喚されない特権があるはずだからである。何より新しい帝国裁判所ではハプスブルク家に有利な判決が出る心配があった。

結局スイス諸邦は帝国の決定を拒否し、皇帝は戦争を決意する。ハプスブルク軍はシュヴァーベン同盟の軍勢を伴い、一四九九年一月にグラウビュンデンのミュスタイアを占領し、ライン川に沿って進軍した。しかし諸邦の反撃を受け、最後はバーゼル近郊のドルナハの戦いで完敗する。なおシュヴァーベン同盟は一四八八年結成の聖俗貴族・帝国都市の領域平和同盟であり、スイスの膨張をはばむ役割も担っており、ラインの北では西南ドイツ傭兵（ランツクネヒト）が養成されていた。

戦後、一四九九年九月に結ばれたバーゼル平和条約により、盟約者団はヴォルムス帝国議会の諸決定の適用から除外された。ただしこれは厳密には帝国からの「独立」ではない。スイス諸邦にとって神聖ローマ帝国は諸特権の源泉であったし、とくに帝国直属の地位にある邦には古い帝国理念が市民革命の時代まで残った。一方、バーゼル平和条約以後に盟約者団に加わった邦は帝国の裁判を免れず、また従属邦は自己防衛のために自ら帝国最高法院の力に頼ることもあった。

✚一三邦時代

シュヴァーベン戦争中、バーゼルは中立を保ったが、その後に盟約者団への加入を希望し、スイス一〇邦によって一五〇一年六月に受け入れられた。その同盟文書では、盟約者団の内紛の際に中立を保って仲裁を

13邦の盟約者団
1536〜1798年
ミュールハウゼン（ミュルーズ）
ブライスガウ（オーストリア領）
ヘーガウ（オーストリア領）
ズントガウ（オーストリア領）1648年からフランス領
バーデン辺境伯領
シャフハウゼン
シュヴァルツヴァルト
コンスタンツ
ブーフホルン
トゥールガウ
リンダウ
ロットヴァイル
バーゼル
ボーデン湖
ブルゴーニュ自由伯領（フランシュ・コンテ）
1555年からスペイン領
1679年からフランス領
バーゼル司教領
バーデン
ザンクト・ガレン修道院領
ブレゲンツ
チューリヒ
トッゲンブルク
ラインタール
アールガウ（ベルン領）
フライエ・エムター
アペンツェル
フォアアルルベルク（オーストリア領）
シャフハウゼン
ゾロトゥルン
ウツナハ
ガスター
ビール
ツーク
マルク
アインジーデルン
ヴェルデンベルク（グラールス領）
チロル（オーストリア領）
ヌシャテル侯領
ルツェルン
シュヴィーツ
ザルガンス
ベルン領
ムルテン
ベルン
ニートヴァルデン
グラールス
グランソン
オプヴァルデン
ウーリ
エンゲルベルク
クール
十裁判区同盟
フリブール
グラースブルク
タラスプ
エシャラン
グラウビュンデン三同盟
ヴォー（ベルン領）
ローザンヌ
ウルゼルン
フィンチュガウ
レヴェンティーナ
灰色同盟
ブレニオ
レマン湖
司教領同盟
ボルミオ
シャブレー地方
ジェクス
ヴァレ・マッジャ
リヴィエラ
キャヴェンナ
シオン
ジュネーヴ
ヴァリス
ロカルノ
ヴァルテリーナ
サヴォワ公領
下ヴァレー
ベリンツォーナ
ルガーノ
ミラノ公領
1535年からスペイン領
1714年からオーストリア領
ヴェネチア共和国
メンドリシオ
主権邦
従属邦
1つの主権邦の支配地
複数の主権邦の共同支配地
盟約者団の境界
現代の国境
現代の州境

盟約者団の拡大 （1291～1513年）永久同盟から13邦時代の始まりまで

年号	同盟者												
	UR	SZ	UW	LU	ZH	GL	ZG	BE	FR	SO	BS	SH	AP
1291	+	+	*										
1315	+	+	+										
1332	+	+	+	+									
1351	+	+	+	+	+								
1352	+	+	+		+	+							
1352	+	+	+	+	+		+						
1353	+	+	+					+					
1481	+	+	+	+	+	+	+	+	+	+			
1501	+	+	+	+	+	+	+	+	+	+	+		
1501	+	+	+	+	+	+	+	+	+	+	+	+	
1513	+	+	+	+	+	+	+	+	+	+	+	+	+

UR＝ウーリ　SZ＝シュヴィーツ　UW＝ウンターヴァルデン（＊ニートヴァルデン）　LU＝ルツェルン　ZH＝チューリヒ　GL＝グラールス　ZG＝ツーク　BE＝ベルン　FR＝フリブール　SO＝ゾロトゥルン　BS＝バーゼル　SH＝シャフハウゼン　AP＝アペンツェル

主権邦と従属邦

年号	主権邦													同盟相手（従属邦）
	UR	SZ	UW	LU	ZH	GL	ZG	BE	FR	SO	BS	SH	AP	
1344									■					ビール
1352								■						ビール
1382										■				ビール
1400						■								灰色同盟（GB）
1406								■						ヌシャテル（伯および都市）
1407, 19	■		▲											灰色同盟（GB）
1416, 17	■		■	■										ヴァレー（ツェーンデン）
1446								■						ヴァレー（ツェーンデンと司教）
1451		■		■	■	■								ザンクト・ガレン修道院長
1454		■		■	■	■	■	■						都市ザンクト・ガレン
1475, 1500								■						ヴァレー（ツェーンデンと司教）
1479, 90		■		■	■	■								ザンクト・ガレン修道院長
1489								■	■	■				ビール
1495									■					ヌシャテル
1497	■	■	■	■	■	■	■							灰色同盟（GB）
1498	■	■	■	■	■	■	■							司教領同盟（GB）
1501				■						■				ヌシャテル
1515	■	■	■	■	■	■	■	■	■	■	■	■	■	ミュールハウゼン
1519	■	■	■	■	■	■	■	■	■	■	■	■	■	ロットヴァイル
1520	■	■	■	■			■		■					ヴァレ
1536								■						ジュネーヴ
1584					■			■						ジュネーヴ
1590					■	■								十裁判区同盟（GB）
1602								■						グラウビュンデン三同盟

GB＝グラウビュンデン三同盟　▲オプヴァルデン

◀シャフハウゼン　中央の丸い建物は一六世紀後半に築かれた都市の城塞ムノート（写真＝スイス政府観光局）。

行う義務がバーゼルに課された。シュヴァーベン戦争後には同盟拡大の流れが起きており、同年の八月には戦争中に功績の大きかった都市シャフハウゼンもバーゼルとほぼ同じ条件で同盟に加えられた。また、一五一三年にはアペンツェルが従属邦から正式の邦となる。それは増えつづける都市邦とのバランスをとるためであった。

こうして「一三邦時代」が始まるが、その体制は一七九八年のヘルヴェティア革命（スイス革命）まで、じつに三世紀にわたって維持された。一三邦の内訳は農村邦五、都市邦七、複合邦一（都市および農村管区ツーク）である。一三邦は盟約者団の意思決定の担い手であり、従属邦・共同支配地・各邦の臣従地とは異なる「主権邦」である（主権の概念は一六世紀後半から使われていた）。ところで、ヴァレーとグラウビュンデンは主権邦側からみれば従属邦であるが、当時のヨーロッパ諸国はスイスの友邦にして独立の共和国ないし自由国と位置づけることもあった。なおグラウビュンデンはハプスブルク家にとっても峠道ゆえに交通上、軍事上重要であり、一五世紀末に同家は封建的権利の獲得を進め、衝突を起こしていた。他方、盟約者団とは和解し、一五一一年に「永代同盟」を結んだ。それは一四七四年の「永久講和」の更新版である。

建国伝説

Column 2

▲現在の建国記念祭の花火　シャフハウゼンのラインの滝にて（写真＝スイス政府観光局）。

三人の農民がリュトリの草原で誓いを交わし、猟師ヴィルヘルム・テルが悪代官を倒す解放伝説（建国伝説）の初出は、一四七四年頃にオプヴァルデンの書記官が残した『ザルネン白書』である。事件の年月日を記したのはグラールスのアエギディウス・チュディの『スイス年代記』（初稿一五五〇年）が最初である。チュディによると、リュトリの誓いは一三〇七年一一月八日、テルが息子の頭上のリンゴを射させられたのは一一月一九日、代官の城への襲撃は一三〇八年元日であるという。他方、一二九一年（八月一日）の永久同盟文書のほうは長い歴史のなかで忘却されていた。人々が記憶していたのは、チュディが記した一三〇七年とその翌年の伝説的事件や、一三一五年にブルンネンで更新された同盟文書である。なおスイスの歴史学界には、一二九一年の永久同盟文書の作成年を一三〇九年とする説もある。一三〇九年の時点で一二九一年の日付が記されたのは、モデルになる文書が存在したためか、ハプスブルク家のルドルフが一二九一年に「よそ者の裁判官」からの自由を認めた事実によるとも推測されている。いずれにしてもスイス盟約者団とハプスブルク家がしばしば正面衝突した時代に書かれた解放伝説は、貴族と山岳農民が相互依存の関係にあった古い時代の歴史を反映してはいない。

　一八九一年八月一日、スイス連邦政府は「スイス建国六〇〇年」の記念祭を挙行した。これには、前年の五月一日にスイス社会民主党が

◀リンゴを射落とすテル　ペーターマン・エッターリン『スイス年代記』（一五〇七年）の挿絵。悪代官ゲスラーに息子の頭上のリンゴを射落とすことを命じられたテル。その姿は若々しく、服装にも気品がある。この絵には粗野で無学な農民と見下されていたスイス人の名誉を挽回する意図があった。

第二インターナショナルの決定（一八八九年）を受けて労働者の「国際的」な祭典としてメーデーを祝ったことに対抗する「国粋的」な意図があった。それまで「建国」の年はチュディの年代記によって一三〇七年とされてきたが、一八世紀に発見された「永久同盟」写本の研究者たちは一二九一年説を唱えており、連邦政府はこれを採用したのである。なおカントン・ウーリは祭典の内容と開催地をめぐって連邦政府と対立し、一八九五年にアルトドルフに建立したテル像に「一三〇七」の文字を大きく刻んだ。それでも連邦政府は一八九九年以降、毎年八月一日に建国祭を祝うことにした。この時期から花火や提灯も建国祭の風物詩となる（国民の祝日となるのは一九九三年である）。やがてウーリの抵抗もやむが、テル像の年号は今もそのままである。

◀リュトリの誓い　三本指をかざして誓う独得のしぐさを描いた最初の版画。ヨハネス・シュトゥンプ『スイス年代記』の挿絵用に一六世紀半ばに作成されたと推測されている。

◀アルトドルフのテル親子像　リヒャルト・キスリング作（一八九五年）。

第三章 宗教改革とアンシャン・レジーム

1 イタリア戦争とスイス

アルプスの南へ

　ハプスブルク家はシュヴァーベン戦争でスイス諸邦に敗北したが、そのことはイタリア支配をめぐるフランスとの争い（イタリア戦争）にも悪影響を及ぼす。スイス側がフランスに近づき、傭兵契約同盟を結んで多数の兵士を提供したからである。なおイタリア戦争とは、フランスのシャルル八世（ヴァロワ家）が一四九四年に北イタリアに侵攻して始まり、一五五九年まで続いた長い争いのことである。シュヴァーベン戦争の年、一四九九年にはルイ一二世がスイス傭兵を使ってミラノ公領を占領したが、兵士の給料の支払いが滞ったため、スイス諸邦はミラノ領ベリンツォーナに出兵し、共同支配地にした。フランスはこれを認め、アルプスの南の支配地の存在が恒常化することになる。一五〇九年、スイス諸邦はフランスとの傭兵契約同盟を更新しなかったが、その原因はフランス王の金払いの悪さにある。フランスにかわって一五一〇年に多数のスイス傭兵を得たのはローマ教皇庁である。これはヴァレー出身のシオン司教マテウス・シーナー（一五一一年から枢機卿）の働きで実現したことであった。

　一五一一年、教皇ユリウス二世は北イタリアからフランス勢力を追い出すためにスペイン、ヴェネチアと神聖同盟を結び、これに神聖ローマ帝国も加え、イギリスとの同盟も利用して大戦争を始めた。その際スイス諸邦は傭兵供給だけでなく自発的な戦争も行い、一五一二年にパヴィーアでフランス軍を破って、ミラノ公領を保護国化し、同地の支配者であったスフォルツァ家の公を傀儡《かいらい》とした。またルガーノやロカルノを共同支配地にした。なお同じ時期にグラウビュンデンもアルプスを越えてヴァルテリーナ、キャヴェンナ、ボルミオを占領し、臣従地にしている。

膨張時代の終わり

　盟約者団の力は絶頂に達していたが、やがてそれも終焉を迎える。一五一五年、ヴェネチアを味方につけたフランス王フランソワ一世の反撃が始まり、ミラノ南西のマリニャーノでスイス兵を敗走させたのである。フランス軍の大砲を前に、長槍で武装した密集戦術は役に立たず、スイス側は一万人近い戦死者を出した。その後スイス諸邦はイタリア侵略をやめ、経済関係としては傭兵契約を維持しながら、政治的には他国の戦争に加担しない政策をとる。ここには、その後のスイスの中立政策の端緒がみられる。

　ところで教皇も傭兵への給料の支払いが悪かったため、スイス諸邦ではフランス派が力を回復していった。結局一五一六年にスイス諸邦はフランスと平和条約を結び、アルプスの南の共同支配地（現在のティチーノ）を確保するかわりにミラノを放棄してフランスに引き渡した。一五二一年にはフランスとのあいだに新たな傭兵契約同盟が成立する。フランソワ一世は神聖ローマ皇帝カール五世との戦いにスイス傭兵を動員し、ビコッカ（一五二二年）やパヴィーア（一五二五年）で多くの兵士を戦死させた。こうした無益な戦いの時代に回心を経験し、宗教改革者となった聖職者がいた。

▲ヴァチカンに向かうスイス近衛兵　現在もサン・ピエトロ大聖堂を守るスイス近衛兵部隊の発足は1506年のことである。写真はその500年記念行事（2006年）の際にスイスのベリンツォーナからローマに出発する150人の精鋭たちの行進（写真＝スイス政府観光局）

チューリヒのフルドリヒ・ツヴィングリである。

✚ツヴィングリの訴え

ツヴィングリはトッゲンブルクの農村ヴィルトハウスの村長の家系に生まれた。ドイツのマルティン・ルターも農民出身であるが、ツヴィングリはルターより現実主義的であり、聖職就任後も政治や外交に深く関与した。彼はウィーン大学とバーゼル大学で学び、エラスムス（ロッテルダム）やペリカン（エルザスのルーファハ）、グラレアン（グラールス）、ヴァディアン（ザンクト・ガレン）などの人文主義者と交わりながら知識を深め、一五〇六年からグラールスで、一五一六年からアインジーデルンで司祭を務めた。この時期のツヴィングリはまだ「教皇派」であり、イタリア戦争にも従軍司祭として加わり、同郷の若者たちが命を落とし、また重傷を負うのを見た。やがて彼は傭兵制反対を唱え、一五一一年の『雄牛の寓話詩』のなかで、「平和の園」に暮らす雄牛たち（スイスの若者）が獅子（神聖ローマ皇帝）や豹（フランス王）によって戦場に送られる悲劇を嘆いた。アインジーデルン時代の著作『迷路』（一五一六年）にも傭兵制批判が出てくる。愛郷心の強いツヴィングリは、スイスを守る戦いは肯定しても、外国に兵力を売る制度をもはや認めなかった。当時ツヴィングリは説教壇で聖書の連続講解を行い、聖職者の堕落、独身制の欠陥、煉獄の教えや聖人崇敬の弊害にも批判の矛先を向けていた。改革者への歩みはすでに始まっていたのである。

2　宗教改革の展開

チューリヒの改革

ツヴィングリは一五一九年一月にチューリヒのグロースミュンスターの司祭になるが、その選出に際しては彼の説教の力量だけでなく傭兵制反対論も考慮されていた。チューリヒは傭兵業に頼らなくても経済的に豊かであり、「民衆諮問」の結果も傭兵契約には否定的であった。結局チューリヒは、一五二一年のフランスとの傭兵契約同盟に参加しなかった。もちろん教皇の傭兵契約金も批判の対象となった。

　チューリヒ宗教改革の狼煙は一五二二年に上がる。それはカトリック教会が定めた復活祭前の四旬節の「肉絶ち」の期間にクリストーフ・フロシャウアーの印刷工房の職人たちが重労働に耐えるためにツヴィングリ立ち会いのもとでソーセージを食べた事件に始まる。ツヴィングリは聖職者独身制と修道制の廃止も訴えていた。市当局はツヴィングリの運動を見守り、彼の結婚も黙認した。そして一五二三年一月、約二〇〇人の市参事会員と四〇〇人の聖職者、コンスタンツ司教の派遣団などを集めて公開討論会を開いた。ツヴィングリは『六七箇条の提題』を書いてこの討論に臨む。市参事会は各種の個別的問題に結論を出さなかったが、「聖書のみ」に従った説教を行うべきことを決定し、宗教改革に事実上の承認を与えた。それは中世後期から都市共同体が求めてきた教会の市有化、聖職者の市民化の流れに沿う決定であった。

　この時期、宗教改革は各地に波及し、急進派による聖画像破壊や十分の一税（教会税）拒否運動も起こった。それは農村部の経済的・政治的不満とも結びついていた。農民の苦情書には教区共同体による牧師の選出や十分の一税管理をめざす「共同体宗教改革」の要求を含むものもある。一五二三年一〇月、都市の改革派は第二回の公開討論会を開き、ミサ聖祭や聖画像の廃止を決める。その際ツヴィングリは、混乱回避のために廃止の時期と方法を市当局に委ねようとした。しかし、急進派のコンラート・グレーベルらは即時の改革を求め、対立が起きた。それでも改革は確実に進み、一五二四年以降、聖画像などの教会装飾物が撤去され、修道院は廃止され、その財産は救貧事業に使われた。教会裁判は無効とされ、牧師と信徒代表（市参事会員）による婚姻

▲フルドリヒ・ツヴィングリ（一四八四〜一五三一年）ハンス・アスパー作の肖像画（一五四九年）。

▼ツヴィングリ家の寝台　トッゲンブルクの生家の一室にある。スイス農民の質実剛健の気風が感じられる。

裁判所（道徳裁判所）が設けられ、農村部にも道徳監督署ができた。

✚再洗礼派

厳格な聖書的教会を求める急進派は、ツヴィングリの改革に満足しなかった。彼らは聖書に明示的な根拠のない幼児洗礼を批判し、信仰告白を行う成人だけに洗礼を施す立場をとり、再洗礼派と呼ばれるようになる。一五二五年一月、成人洗礼の実行をもって誕生した彼らの教会は「自発的結社」であり、その組織原理は都市共同体と教会共同体を一致させるツヴィングリ派のものとは本質的に異なっていた。ただし運動の初期段階には、都市や農村の共同体を丸ごと再洗礼主義に移行させようとするドイツのバルタザル・フープマイアーなどの一派も影響力をもっていた。なおチューリヒやシャフハウゼンの農村部には、都市支配への反発から再洗礼派をかばい、その教えに帰依する住民もいた。

✚ツヴィングリ主義

ツヴィングリ神学の特徴は、信仰義認（行いによらず内面の信仰のみによって人は神の前に正しいと認められること）および罪の赦しを強調するルター主義とは違い、信仰者の生活と現世の「聖化」を求める点にある。為政者をキリスト教界の内側に位置づけ、「神の義」（たとえば「敵を愛せよ」といった絶対的倫理）に到達しえない信徒たちに最低限守らせるべき「人間の義」（たとえば「盗むなかれ」といった相対的倫理）の番人とみなす点も、俗世権力はキリスト教的たりえないと考えたルターとは異なる。

◀聖画像破壊　破壊者たちは路傍の十字架も引き倒し、住民に衝撃を与えた。チューリヒ近郊のシュターデルホーフェンでの事件（一五二三年）。

聖餐に関してツヴィングリは、カトリックの化体説（パンと葡萄酒がキリストの体と血に変化するという教え）の対極にある象徴説・記念説をとった。聖餐はツヴィングリにとって最後の晩餐の記念であり、パンと葡萄酒はキリストの肉と血の象徴であった。またツヴィングリは、洗礼を神と人の契約（救いに導く選び）を示す共同体的な典礼とみなした。その際この契約は幼児も含むとされ、幼児洗礼は旧約（古い契約）の割礼との類比によって正当化された。

ツヴィングリ主義は第二回公開討論会後、同志たちによって農村部の教会に、またチューリヒ領外に伝えられた。一五二〇年代に宗教改革に踏み切った都市をあげれば、ザンクト・ガレン、バーゼル、シャフハウゼン、ベルン、ビールなどである。いずれの場合も、教会の裁判権や領主権からの解放や修道院財産の接収による自治の強化、教会権力と結びついている都市貴族や門閥の排除といった意図が背景にあった。グラールスやアペンツェル、グラウビュンデン、ヴァレーなどの農村部にも改革は波及し、多くの場合、個々の教区共同体が宗派決定の主体となった。ただし農村邦では、都市邦とは異なる分散的な自治構造ゆえに統一的な宗派変更は難しかった。

保守的な門閥の指導で宗教改革を拒んだ

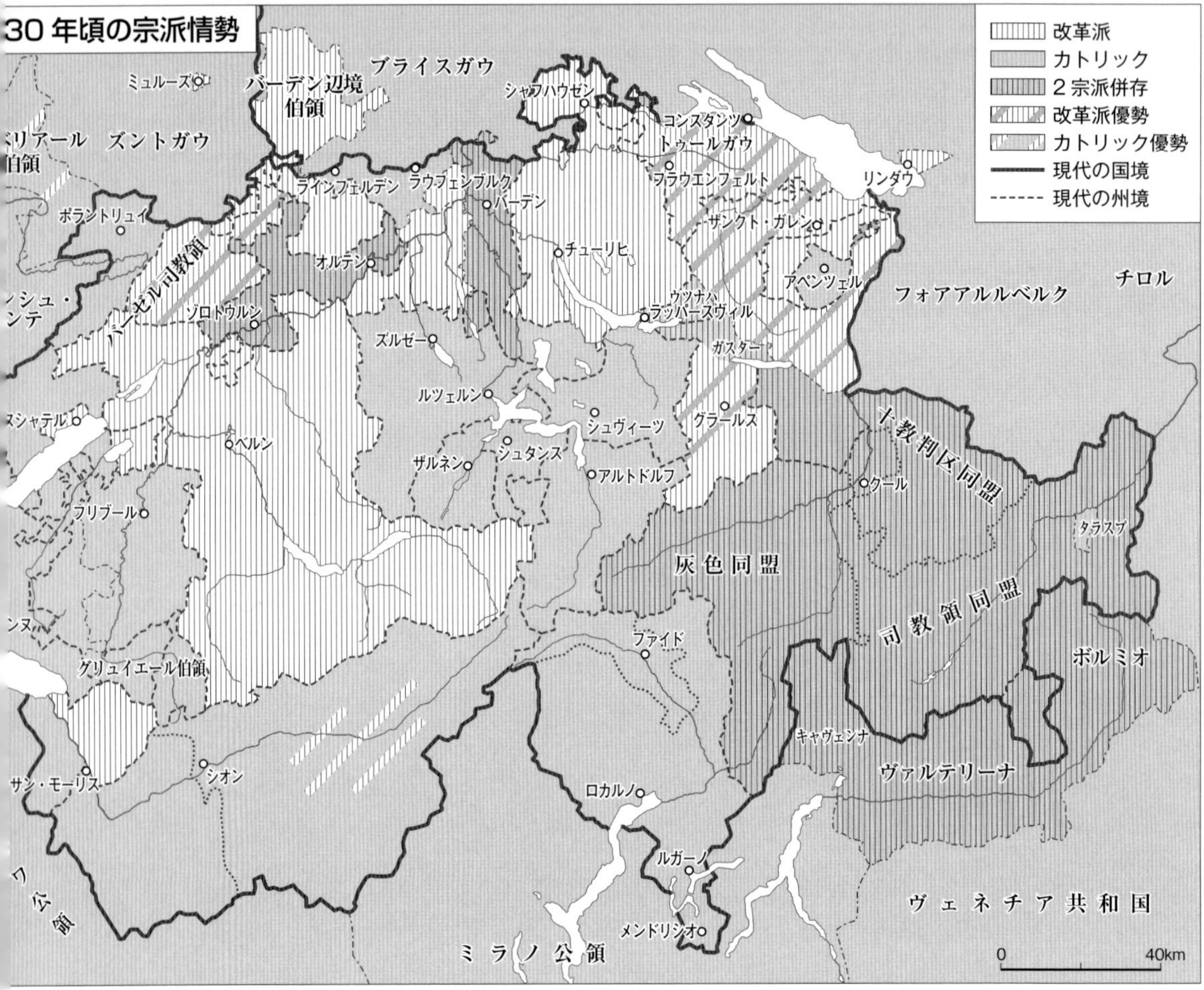

▲この時期にはまだスイス西部のフランス語圏ではカトリックが強いが、やがてジュネーヴにジャン・カルヴァンが到来し、宗派地図を徐々に塗り変えることになる。

都市邦もある。フリブールやルツェルンがその典型である。ゾロトゥルンでは一六世紀前半にベルンの後押しで改革運動が起きたが、結局カトリック側の抵抗で古い秩序が再建された。原初三邦やツークの住民はカトリック教会に忠実であり、伝来の宗教から離れる必要を感じていなかった。共同支配地ではチューリヒによって布教が行われ、カトリックの共同統治邦との対立が起きた。ツヴィングリはグラールスやアペンツェルの場合と同じく教区共同体ごとの多数決による下からの宗派決定を主張したが、カトリック側は他の政治問題と同じく統治を担う諸邦の多数決で上から決定する方法を唱えた。この方法のほうが数で勝るカトリック邦に有利だからである。ともあれ宗教改革は諸邦の連帯を阻害し、一八世紀初頭までに四度の宗教戦争を引き起こすことになる。すなわち二次にわたるカッペル戦争（一五二九、三一年）と、同じく二次にわたるフィルメルゲン戦争（一六五六、一七一二年）である。

✚カッペル戦争

一五二七年以降、チューリヒを中心とする改革派諸邦は、すでにツヴィングリ主義を受容していた帝国都市コンスタンツと「キリスト教都市同盟」を結び、スイス以外にも連帯の輪を広げはじめた。これに対してカトリック五邦（原初三邦、ルツェルン、ツーク）は、一五二八年に「キリスト教連合」を結成し、翌年にはオーストリアを迎え入れて新教勢力に対抗した。

この年スイス人は、最初の宗教戦争を経験する。第一次カッペル戦争である。その原因は、ベルナーオーバーラントの住民が一五二八年一〇月に集会を開いて旧教の維持を決議し、ミサ聖祭を復活し、ウンターヴァルデンの軍事的支援を受けたことにある。その行動は一四八一年の「シュタンス協定」に違反するため、チューリヒはカトリック五邦に宣戦布告し、チューリヒ・ツーク境界のカッペルの野で両陣営の軍隊が対峙することになる。しかし、すぐにグラールスが仲裁に入って和解が成立し、戦闘は避けられた。同時代の年代記によれば、両軍の戦士たちは安堵し、カトリック側が牛乳を、チューリヒ側がパンを提供して同じ大鍋でミルクスープをつくって食べたという。和解内容を記した第一平和条約では、両宗派は互いに信仰を強制せず、共同支配地では教区共同体の多数決で宗派を選択させ、前述の「キリスト教連合」を解消することなどが約束された。その内容は明らかに改革派に有利であったが、傭兵制の廃止や五邦内での福音的説教の自由といったツヴィングリの要求までは実現しなかった。

その後ツヴィングリは、新教勢力の団結を呼びかけるヘッセン方伯フィリップの仲介で一五二九年九月にルターとマールブルクで会談を行った。しかし聖餐論の対立を克服できず、相互理解は深まらなかった。ルターは化体説を否定しつつもキリストの体と血の実在（共在）を説いていた。それでも政治的な接近は促進され、チューリヒ、バーゼル、シュトラースブルク、ヘッセン方伯の同盟関係が生まれた。ドイツの福音派は一五三一年にシュマルカルデン同盟を結んでおり、方伯との関係はスイスの改革派諸邦とドイツの福音派を結びつける働きをした。ツヴィングリは、フランスとヴェネチアも味方にして宗教改革の敵、皇帝カール五世に対抗する構想さえ抱いていた。そうしたなか、一五三一年一〇月、カトリック五邦の奇襲によって第二次カッペル戦争が勃発する。この戦争は改革派の敗北に終わり、ツヴィングリも戦場で命を落とした。

◀カッペルのミルクスープ　ハインリヒ・ブリンガー『宗教改革年代記』（一六〇五年版）の挿絵。境界線上の大鍋から両軍の兵士がスープを飲む場面。手前に境界石があり、境界線からはみ出した男の手を押しもどそうとする兵士が描かれている。ここには宗派間の「共存」のメッセージが読みとれる。

戦後に結ばれた第二平和条約は、各主権邦・従属邦の宗派選択の自由と両宗派の同権をうたっている。それはドイツのアウクスブルク宗教平和（一五五五年）の内容を先取りするものであった。また第二平和条約は、改革派諸邦がドイツの領邦君主（ヘッセン方伯）や帝国都市と結んだ同盟の解消を求めている。なお共同支配地に関しては、改革派の存在は認めるが、カトリックに復帰（改宗）しうると定めている。しかし、その逆の改宗には言及がない。これにより、共同支配地ではその規定を利用した再カトリック化が強力に推進された。またこの平和条約以後、ドイツの福音派との関

▲マールブルク会談　立ち上がって激論をかわすルター（左）とツヴィングリ（右）。テーブルの左側に足を組んだ姿で描かれているのはヘッセン方伯フィリップ。アウグスト・ノアック画（1869年）。

係は弱まり、ライン川の彼方でシュマルカルデン戦争（一五四六、四七年）が起きたときにもスイス諸邦は中立の立場をとった。この戦争はカトリックの守護者カール五世の勝利に終わり、かつてツヴィングリ主義を受容していた西南ドイツの諸都市は厳しく統制され、新教としてはルター主義だけが許され、民主的なツンフト制度は禁止された。スイスの改革派諸都市と緊密な関係にあった帝国都市コンスタンツは、この時期にハプスブルクの領邦都市に格下げされ、再カトリック化されていった。

✚宗派境界の不安定さ

スイスでは宗教戦争が一八世紀前半までにあと二回起きる。小競り合いは無数であったが、それは宗派境界の不安定性と錯綜に起因していた。しかもスイス諸邦はドイツの領邦に比べて小さく、改革派の中心地チューリヒにもカトリックの牙城ルツェルンにも異宗派の旅人や亡命者、改宗者がたえず到来していた。また共同支配地では二年ごとに宗派の違う地方代官が着任し、教会制度や個人の内面の宗派化は緩慢にしか進まず、改宗・再改宗も多かった。宗派がらみの紛争が頻発する半面、異宗派間の交流や結婚もみられた。

改革派が存在した共同支配地はトゥール

ガウ、バーデン、ラインタール、ザルガンスなどである。カトリック邦の臣従地に改革派がいる場合もあり、ザンクト・ガレン修道院領トッゲンブルクでは改革派が領域内の多数派であった。

一八世紀前半、ジュネーヴのジャン＝ジャック・ルソーは少年時代に徒弟奉公先から逃げ出し、トリノでカトリックに改宗するが、それはサヴォワ家のような貴族やイエズス会などが古くから維持してきた改宗と亡命の支援経路を辿ったものであった。

✚ジュネーヴのカルヴァン

ジュネーヴの宗教改革は、一五三二年にベルンからギョーム・ファレルが送り込まれ、フランス人ジャン・カルヴァンが一五三六年に到来して以降、数々の論争や対立を経て確立した。そしてジュネーヴは、西部スイスの諸教会やフランスのユグノー教会に指針を与えることになる。ピエモンテのヴァルド派も、聖書主義の一致ゆえに一五三〇年代に改革派との合同を果たす。カルヴァンの主著『キリスト教綱要』（一五三六年）は、ヨーロッパの改革派教会の共有財産となった。

カルヴァン派教会の特徴は、一五六〇年の教会規則に示されているように、為政者に対して教会の自立を保証する長老会の制度にある。信徒を代表して市参事会員が長老となるにしても、その選任においては牧師の同意が必要とされ、政治家が教会組織の上に立つことはできなかった。これは教会共同体と市民共同体を融合させてミニサイズの国家教会を樹立したツヴィングリ派教会の制度設計とは異なっていた。それでもツヴィングリの後継者ブリンガー（首席牧師）はカルヴァン派との協調に努め、一五四九年に『チューリヒ和協書』を作成して一致点を確認し、六六年には『第二スイス信仰告白』を編んで全スイスの改革派を団結させ、諸外国にも影響を与えた。なお一五三六年の『第一スイス信仰告白』はドイツ語圏の改革派だけの文書である。

ところで前述の第二平和条約（一五三一年）は、スイス西部については何も決めておらず、改革派は自由に行動できた。ジュネーヴはベルンの支援を受け、一五三六年に司教支配から抜け出すことに成功した。

▲ジャン＝ジャック・ルソー（一七一二〜七八年）　ジュネーヴのルソー島に立つ銅像。椅子の下には大きな本が積まれている。ジュネーヴ生まれの彫刻家ジャン＝ジャック・プラディエ作（一八三八年）（著者撮影）。

▼ジュネーヴのサン・ピエール教会（内部）　カルヴァンが働いた教会（著者撮影）。

その際ベルンはサヴォワ家の妨害を阻止し、サヴォワ領のヴォー地方を占領した。フリブールもヴォー地方に領土を広げ、ヴァレーもレマン湖への出口に支配地を増やした。ベルンは保護同盟下のヌシャテルやジュラ地方にも宗教改革を導入しようとした。なおサヴォワ公領はイタリア戦争中に解体状態に陥るが、一五六四年に復活し、ベルンとヴァレーが奪った土地の一部を返還させた（シャブレー地方とジェクス地方）。

✚プロテスタント文化

スイスのプロテスタント文化は、何よりも教会指導者の教育によって培われた。中世からヨーロッパ中に知られているバーゼル大学のほか、チューリヒにはツヴィングリの「預言集会」（聖書研究会）を母体とする神学院カロリヌムがあった。ジュネーヴとローザンヌにも神学アカデミーがあり、優秀な聖職者・教師の養成を担っていた。

プロテスタント的な勤勉の精神とスイス的な質実さは商工業の発展も促した。一五五五年に共同支配地ロカルノを追われた改革派の一群がチューリヒに亡命し、絹織物業の再生と興隆をもたらしたことは周知の事実である。

聖人崇敬をやめて祝祭日を減らした新教世界では、教会は装飾性のない簡素な空間となり、聖書を読んで祈りを唱える抑制的な信仰生活の拠点となった。また道徳裁判所は無規律な生活を送る信徒を厳しく裁いた。ただし、この禁欲的な制度ないし文化がどれほど一般信徒の内面まで変え、国家教会に忠実な臣民を育成したかについては疑問も残る。農村部の荒々しい反乱は一七世紀にも発生し、再洗礼派のような異分子も迫害に耐えて存続していたからである。

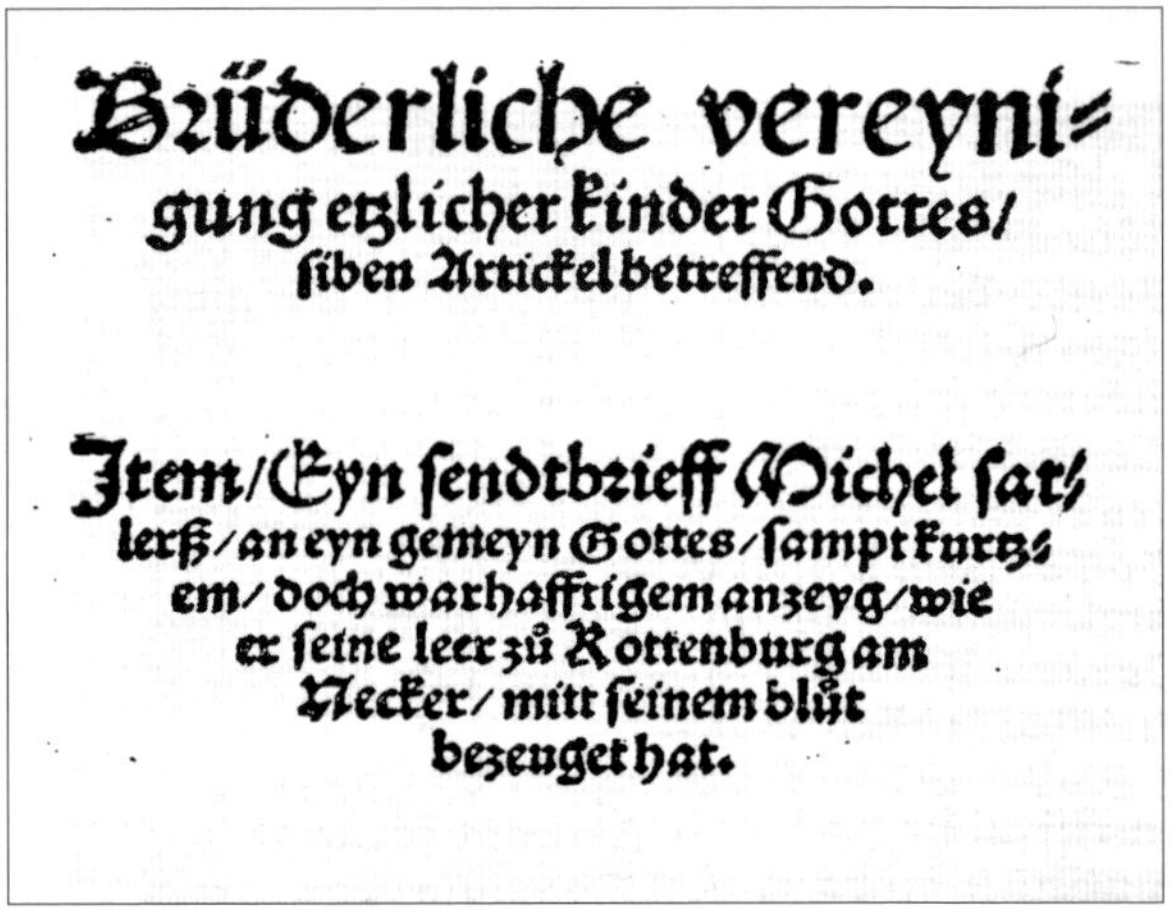
Brüderliche vereynigung etzlicher kinder Gottes/ siben Artickel betreffend.

Item/Eyn sendtbrieff Michel satlers/ an eyn gemeyn Gottes/ sampt kurtzem/ doch warhafftigem anzeyg/ wie er seine leer zů Rottenburg am Necker/ mitt seinem blůt bezeuget hat.

▶再洗礼派の信仰告白　シャフハウゼンのシュライトハイムで編まれた再洗礼派の信仰告白「神の子らの兄弟の一致」（一五二七年）のタイトルページ。

スイス再洗礼派の最初の信仰告白（一五二七年）が編まれたシャフハウゼンの農村シュライトハイムには、一七世紀になっても再洗礼派が隠れており、その存在は都市支配への反抗心と結びついていた。なお再洗礼派には各種の分派があり、モラヴィアのフッター派とオランダのメノー派が大勢力であった。一七世紀末にエルザスではメノー派から厳格なアーミシュ派が派生するが、その指導者はベルンのジンメンタール出身のヤーコプ・アマンである。近世は正統教会が為政者とともに統一的な宗派化政策を推進した時代であるが、その一方で多宗派化ないし信仰の多元化の流れが起きていたのも事実である。

3　カトリック改革と三十年戦争

✚改革と伝統文化

スイスのカトリック改革ないし対抗宗教改革は、トレント公会議（一五四五～六三年）の理念にもとづき、ミラノ大司教カルロ・ボロメオのスイス巡察（一五七〇年）および詳細な改革提案によって進められた。具体的にはルツェルンに教皇大使を常駐させてローマとの関係を緊密化し、イエズス会を招いてカトリックの失地回復と上層の人々の教育を促進し、またカプチン会に一般信徒の指導を託すなどの改革が試みられた。カプチン会の活動は顕著であり、まずカトリック邦のすべてに同会の修道院を建てる計画が実行に移され、最終的には二五カ所に増えた。優秀な聖職者の教育はイエズス会の神学校で行われたが、ミラノにはスイス人留学生を迎えるスイス神学院があり、故郷では望めない高度な教育が施された。このボロメオによる改革を支援した信徒としてもっとも高名なのは、ルツェルンの政治家ルートヴィヒ・プフィーファーである。彼は傭兵隊長でもあり、フランスのユグノー戦争でシャルル九世を助けた人物である。その権勢は王侯貴族のようであり、「スイス人王」の異名をとった。この時期のカトリック圏ではバロック様式の教会が増築も含めて随所に建てられ、ロマネスクやゴシックの面影を残す教会は減少していった。劇的なバロックの絵画や演劇が栄え、奇跡信仰、聖人崇敬、巡礼熱が高まった。

◀バロックの荘厳　ヴァレー（ヴァリス）のロイクにあるリングアッカー礼拝堂の主祭壇（一七〇五年完成）。この時代のカトリック信仰のあり方がよくわかる。

　カトリック改革時代の知識人はプロテスタントに劣らず伝統文化や迷信を批判したが、民衆世界にはまだ古い神話や伝説が生きていた。地の精、不死の妖女、ドラゴン、死者の軍勢、怪し火などである。占い師や産婆も力を保ち、ベルンでは一八世紀になっても産婆による迷信的儀式や呪いを禁じる布告が出ている（一七四三年）。なお魔女狩りは新教圏でも旧教圏でも行われていた。一六、一七世紀にもっとも盛んであったのはヴォー地方（一七〇〇件）とグラウビュンデン（一〇〇〇件）である。チューリヒのような都市邦にも約八〇件の記録がある。スイス最後の魔女裁判は一七八二年、場所はグラールスであり、被害者はアンナ・ゲルディという奉公人であった。

✚国際的連帯

一五八六年、スイスの全カトリック邦は

「黄金同盟」（ボロメオ同盟）を結び、翌年にはスペイン・ハプスブルク家のフェリペ二世と同盟関係を築いた。同盟の内容は、スイスで宗教戦争が起きた場合にスペインから軍事支援と食糧供給を受けるかわりに、傭兵の徴募権と軍隊の通過権を与えるというものであった。当時スペインは属国のミラノ公領を起点としてアルプスの北に軍隊を送るべく、スイスの峠道の利用を求めていた。このカトリック諸邦とスペインとの結合は、スイス盟約者団の存続を危うくするものであった。改革派の側は、一五八四年にジュネーヴに対するチューリヒ・ベルンの保護同盟を成立させて三大都市の連携を強化していたが、外国との軍事協定は結んでいなかったからである。

　一六〇二年、サヴォワ公はジュネーヴにエスカラード（梯子作戦）と呼ばれる奇襲攻撃をしかけるが、市民の防戦によって失敗し、結局ジュネーヴ支配を断念し、ベルンに奪われていたヴォー地方も放棄する。そのためこれらの地域におけるカトリックの復活は困難になった。他方ヴァレーでは一七世紀前半に改革派が追放され、再カト

▶**シュライトハイム**　一七世紀になっても村の近くの暗い森で再洗礼派が秘密礼拝を行っていた。村の中央部に資料展示館がある（著者撮影）。

▶**チューリヒの魔女裁判**　一五七一年、チューリヒ農村マイレンのフェレーナ・ケレッツという女性が、悪魔と交わり、隣人や家畜を病気にしたかどで火刑に処せられた（市当局の記録による）。

▶**エスカラード祭**　現在もジュネーヴでは祝祭と歴史劇のなかでサヴォワ公の攻撃から都市を守った出来事が再現される（写真＝スイス政府観光局）。

リック化が完成したが、やがて上層の人々はふたたび改革派になった（一時はラント首長もそうであった）。

✚両宗派併存地帯

一七世紀になっても宗派的境界が引けない主権邦もあった。その一つ、アペンツェルでは一五二四年のランツゲマインデで教区共同体の多数決による宗派決定と信仰の強制の禁止を同時に決めており、多くの教区に少数の異宗派集団が残っていた。カトリック改革の時代には宗派対立が激化し、一五九七年にいたって北部・東部のアウサーローデン半邦（新教）と南部のインナーローデン半邦（旧教）への領土分割が行われた。しかし、どちらの半邦にも少数派が残り、完全な住み分けは難しかった。

グラールスでは二宗派の混住があまりに進んでいて半邦化は不可能であり、権力を二重化するしかなかった。ランツゲマインデと参事会が二つになったのである（一六二三年）。なお中心村落グラールスやシュヴァンデン村の教区教会は「共同利用教会」となり、二宗派が時間を分けて礼拝を行っていた。この方式はトゥールガウなどの共同支配地でも用いられ、現在もその伝統を残す教会がある。ところでグラールスでは一六六六年に邦民全員に男女を問わず「改宗権」が認められたが、それは現状の追認であった。

✚グラウビュンデンの悲劇

グラウビュンデンでも宗派選択は個々の共同体に委ねられ、二宗派が混在する村もあった。一七世紀には改革派が全人口の三分の二に達するが、その重心は十裁判区同盟、司教領同盟に属するエンガディーン地方、都市クールにあった。他方、臣従地ヴァルテリーナにはこの地に特有の問題があった。カトリック住民の多いこの地で改革派勢力が強引なプロテスタント化を試み、反発を招いていたからである。なおグラウビュンデンの門閥政治家たちは、それぞれ民衆を味方につけ、外国勢力とも結びついて激しい闘争を繰り広げており、「旗揚げ」（挙兵）や「弾劾裁判」（政敵の処罰）が横行していた。カトリック勢力はプランタ家に、改革派勢力はザーリス家に率いられていた。前者はスペイン派、後者はヴェネチア派とも呼ばれた。

一六一八年、ヴェネチア派はクールで「弾劾裁判」を開き、ヴァルテリーナのカトリック司祭を死刑に処することを決め、実行に移した。これは二〇年続くグラウビュンデン紛争の発端であった。これに対してヴァルテリーナのカトリック住民は、スペイン派と結びつき、一六二〇年にプロテスタント住民を虐殺する。「聖なる流血」と呼ばれる事件である。これを機にスペイン軍がヴァルテリーナの谷を占領し、自治政府をつくらせた。チューリヒとベルンは改革派を助けるために軍隊を派遣するが、谷の解放には成功しなかった。このときカトリック五邦も対抗策をとり、内戦の危機が生じたが、最終的には双方とも戦争回避のために中立の立場をとるようになる。

グラウビュンデンのカトリック勢力はオーストリアとも密議を交わしていた。その結果「聖なる流血」の三日後にオーストリア軍が十裁判区同盟の領域の大部分と都市クール、マイエンフェルトなどを占領し、ヴァルテリーナの峠道も統制下においた。この頃ハプスブルク家は、三十年戦争（一六一八〜四八年）のなか、ドイツ各地の敵を討つためにイベリア半島・北イタリア・ヨーロッパ中心部を結ぶ軍隊の通過ルートを求めていた。フランスに味方するヴェネチアの位置から考えて、もっとも安全なのはミラノからヴァルテリーナを通ってグラウビュンデンの峠道を越える道であった。

グラウビュンデンの改革派は、元牧師イェルク・イェナチュの指導下、リシュリューを宰相とするルイ一三世治下のフランスと交渉し、一六二四年にオーストリア占領地とヴァルテリーナの解放のために軍事介入を行わせた。しかしフランスは介入後もヴァルテリーナを返還しなかった。さらに一六二九年にはオーストリア軍が、一六三一年にはフランス軍がふたたび侵攻してきた。苦境のなかでイェナチュはハプスブルク家と密約を結び、一六三七年にフランス軍を追い出す軍事行動を起こす。この作戦は成功し、一六三九年にヴァルテリーナの返還が実現する。見返りはスペイン軍の峠道の通行であった。オーストリアとの関係も改善され、一六四九年には東部の占領地を買い戻すことができた。なおイェナチュは一六三五年にカトリックに改宗してハプスブルク家との交渉を行い、郷土を守ったが、一六三九年に何者かに暗殺されてしまった。

◀イェルク・イェナチュ（一五九六～一六三九年）　イェナチュはヨーロッパ各国の王侯貴族や軍人とわたりあい、戦争にも調停にも成果をおさめた傑出した指導者であった。

4 アンシャン・レジーム

✚スイス農民戦争

三十年戦争期のスイスは、グラウビュンデンを度外視すれば、農産物の輸出や傭兵契約金で潤い、土地価格も上昇して好景気に沸いていた。しかし戦後、周辺諸国の経済が回復すると、逆に不況に襲われた。そうしたなか一六五二年に、ベルンやルツェルンの当局は貨幣（バッツェン）の価値を切り下げ、新税の導入を図った。これに対してルツェルン領エントレブーフの農民が翌一六五三年に反乱を起こし、その動きはベルン領エメンタール、ゾロトゥルン、バーゼルの農村部にも広がった。

農民たちは団結し、四月にフットヴィールで集会を開いて「農民同盟」を結成し、貨幣価値の切り下げに対する補償や臣従地のランツゲマインデ開催権などを求めた。彼らは原初三邦の解放闘争をモデルとし、テルを讃える歌をうたい、宗派を超えて連帯していた。そもそも前述のエメンタールとエントレブーフには従来から農村市場を介した草の根的な交流があった。しかし反乱は六月に鎮圧され、指導者ロイエンベルガー（ベルン領の富農）が死刑になったほ

◀ニクラウス・ロイエンベルガー（一六一五～五三年）一六五三年の農民戦争指導者。

▶エメンタール　農民戦争の舞台の一つ。そもそもは豊かな酪農地帯であり、農民は自治精神にあふれていた（写真＝スイス政府観光局）。

か、多くの農民が厳罰に処せられた。その後スイスでは、超領域的な農民反乱はみられなくなる。ただし局地的な反乱は市民革命の時代まで起こりつづけた。

✚最後の宗教戦争

一六五五年、シュヴィーツ領アルトで新教徒の小集団が摘発され、追放や処刑が行われた。翌年一月、新教勢力の先頭に立っていたチューリヒがカトリック五邦に戦争を挑み、共同支配地トゥールガウを占領する。しかしベルンの友軍がフィルメルゲンの戦いで敗北し、戦争の続行は難しくなった（第一次フィルメルゲン戦争）。戦後に結ばれた第三平和条約は、カッペルの第二平和条約の内容を追認するものであった。そのため改革派諸邦は不満を抱きつづけた。

新たな転機は一七一二年に巡ってくる。この年にザンクト・ガレン修道院領トッゲンブルクの改革派が院長の圧政に抗して反乱を起こし、チューリヒがこれを援助して第二次フィルメルゲン戦争が勃発するのである。この戦いではベルン軍が雪辱を果たし、改革派側が大勝利を収め、彼らに有利な内容の第四平和条約がアーラウで結ばれた。これによれば、共同支配地の二宗派は同権とされ、その併存を前提として、宗派紛争は両宗派同数の仲裁裁判で解決することになった。その結果、各地の宗派問題は妥協と合意の精神で現実的に解決されていく。なおカトリック五邦は第四平和条約以後バーデンの共同統治から外された一方、ベルンはそれまで疎遠であった東部方面のすべての共同支配地の統治に加えられた。

◀フィルメルゲン戦争　二次にわたる戦争の寓意画（一八世紀前半）。聖画像をお守りに古風な武器で戦うカトリック陣営（左）に対して、近代的な装備のプロテスタント軍（右）が大砲を撃っている。

▶一九世紀の時計工場　ラ・ショー・ド・フォンのジラール・ペルゴ社の工場（跡）。一般の家屋とは違って窓が大きい（著者撮影）。

これによって主要な共同支配地の経営において改革派諸邦の主導権が確立する。

それでも共同支配地の代官業務の監査や決算は両宗派の諸邦の代表者が集う会議で行われ、相互の協力は不可欠であった。ただし盟約者団会議にはカトリック部会とプロテスタント部会が生まれており、前者はルツェルンで、後者はベルンのアーラウでそれぞれ会議を開くことが増えていた。なお第四平和条約以後、共同の会議はバーデンではなくトゥールガウのフラウエンフェルトなどで開かれるようになった。三十年戦争からフィルメルゲン戦争までのスイスには内部対立が目立つが、だからこそ一致や協調を呼びかける声も高まり、演劇や絵画や年代記においてテルやクラウスのような英雄的な父祖たちの物語が強調されていた。

✚社会の矛盾

対立関係は宗派間だけでなく統治者と被統治者、門閥と一般市民、一般市民と零細な居留民のあいだにもあった。その背景は、人口増加、市民権・村民権の制限、門閥の閉鎖化である。

スイスの人口は一五〇〇年頃に八〇万、一六五〇年頃に一〇〇万、一七五〇年頃に一四〇万に増え、市民権・村民権のない居留民を大量に発生させていた。都市は市民権の授与を停止し、市参事会資格を制限して統治者層の特権化を図った。たとえば一七世紀のルツェルンでは二〇余りの有力門閥が市参事会を牛耳っていたが、その実数は都市人口（四〇〇〇人）の一〇パーセント以下であった。また、人口の構成比率においては市民より居留民のほうが多かった。

▶時計工場の女性労働者たち　ウィリアム・オベール画（一九〇五～一〇年）。

ルツェルンの門閥は都市の一〇倍の人口を擁する農村部（臣従地）に君臨し、傭兵隊長となって外国の君主から騎士の称号を与えられ、市内の邸宅や田園地帯の城で貴族的生活を営んでいた。ベルンでも門閥の閉鎖化が起こり、五〇を超える農村部の代官区を経営する門閥政治家たちは貴族のようであり、市長の黄金の椅子は王座を思わせるものであった。

チューリヒのようなツンフト都市でも、織物工業などで富を得た企業家層がツンフトに入り、手工業親方を退けて市参事会員となり、寡頭政を展開した。農村邦にも門閥支配が広がったが、ランツゲマインデの多数決が機能していたため、都市邦ほど権力の集中は起きなかった。それでも門閥は傭兵業や運送業、土地所有で財を成し、豪壮な邸宅に住んだ。なお聖職者の多くは門閥層から供給されており、改革派邦では官吏に似た役割を果たしていた。

諸邦の統治者たちは傭兵契約金で潤っていたが、その分配は不公平であった。たとえばルツェルンでは一五八六年にフランス王から得た契約金（約二万二五〇〇グルデン）の六分の一を市長の一族が手にし、現役市長には九五〇グルデンも与えられた。ちなみに当時の手工業親方の収入は一〇〇～一八〇グルデンであった。なお当時の史料には近世のスイス諸邦の政治のあり方を「貴族民主政」と呼んでいるものがあるが、それは貴族家系の者や門閥が力をもちつつ、都市共和政やランツゲマインデ体制が保たれている状態をさしている。また現代の歴史家はスイス流の「絶対主義」ないし「アンシャン・レジーム」（旧体制）という表現も使っている。ただし当時のスイス人の政治参加の度合いは周辺の君主国に比べれば高く、諸邦の臣従地や共同支配地の小都市、村落共同体にも一定の自治が可能であ

▲ベルン市長の肖像（一八世紀前半）　当時ベルンでもっとも裕福といわれた門閥ヒエロニムス・フォン・エルラッハ。傭兵隊長としてフランスに勤務し、現地女性と結婚するためにカトリックに改宗した経歴がある。のちに離婚して復帰。

▼ル・ロクルの懐中時計（一八世紀末）　ル・ロクルはラ・ショー・ド・フォンとならぶヌシャテル（ジュラ地方）の時計の町である。

▼ラ・ショー・ド・フォンの鳥かご時計（一八世紀末）　ジュラ地方では高級時計は少なかったが、写真のような意匠に富んだものも製作されていた。

った。それでも多くの人々は社会的矛盾の解消を願っていた。

✚ 経済の動き

アンシャン・レジームの時代は、政治面では沈滞が目立つが、経済面では萌芽的な工業化による変化が生じた。一七世紀以降、ヨーロッパ諸国では上流社会の需要の増加もあって繊維工業が栄えるが、スイスではザンクト・ガレンの亜麻織物や刺繍業が隆盛し、チューリヒとバーゼルでは綿織物・絹織物・捺染業が育った。それらは一八世紀になるとアペンツェル・アウサーローデン、グラールス、トッゲンブルク、ヌシャテルにも広がる。ジュネーヴでは時計工業が栄え、一八世紀末には周辺部を含めて二万人の労働者を抱えるまでになる。時計工業はヌシャテルやジュラ地方でも栄えたが、廉価品が中心であった。なおスイス西部ではフランスからの亡命者たちが時計工業に従事し、技術と販売の両面で重要な役割を担った。またジュネーヴでは高級織物業や銀行業も栄えた。

新産業はツンフトと競争関係のない農村部で地歩を固めたが、それもプロテスタント地域が中心であった。ルツェルンやフリブールのようなカトリック邦はフランスにならって重商主義政策を試みるが、成功にはほど遠かった。カトリック邦のなかで一八世紀に一定の工業化を遂げたのはゾロトゥルンだけである。スイス中央部では中世と同じく家畜やチーズの輸出が中心であったが、近世においては家具製造業も重要性を増していた。

このようにスイスの産業は着実に発展していたが、増えつづける人口をすべて吸収することはできず、多くの人々が移民となってスイスを去った。三十年戦争の終了後には人口の減った西南ドイツへの移民が多かったが、長期的にはブランデンブルク・プロイセンへの移民が増えた。アメリカ大陸も魅力的な移民先であった。一八世紀の移民数は五万人と見積もられているが、その半数はアメリカ移民である。なおアメリカにはスイス人の集落もあった。

三十年戦争期のスイス諸邦は、グラウビュンデンをのぞけば意識的に中立政策をとった。スウェーデン王グスタフ・アドルフが改革派諸邦に同盟を求めてきたときにも、諸邦は理性的に判断して謝絶している。王は不服であったが、スイス諸邦が中立を守ることを条件に了解した。スイスはブルゴーニュ、シュヴァーベン、ロンバルディアなどから穀物を、フランシュ・コンテやザルツブルクから塩を輸入し、農村邦の家畜、硬質チーズ、バター、都市邦の織物製品を諸外国に輸出し、傭兵をヨーロッパ諸国に（偏りなく）派遣して経済の安定を得ていた。そうしたなか、宗教戦争中の片方の陣営と同盟を結ぶのは危険であり、もう一方の陣営による侵略や内戦の可能性も予想された。この時期、盟約者団は外交上の危機に直面して協力関係を深め、一六四七年に「ヴィール防衛軍事協定」を結び、統一的な参謀会議と諸邦の分担出兵による国境警備態勢を整えた。ここにはすでに「武装中立」の輪郭がみえる。

三十年戦争後のウェストファリア講和会議にはバーゼル市長ヴェットシュタインが参加し、オランダ共和国とともに神聖ローマ帝国からの分離（免除）の約束をとりつけた。その際には、一四九九年のバーゼル平和条約の段階で盟約者団に未加入であった主権邦・従属邦も同じ扱いを受けた。ただし帝国の支配権は放棄されたわけではなかったため、「独立」という表現を避ける研究者も多い。しかしスイスが過去とは異なる国際法上の地位を得たのは事実である。

ところで、スイス盟約者団の国際的承認を後押ししたのはフランス

中立の起源

である。それはスイスが同国にとって欠かせない傭兵供給国であり、一三邦のすべてがフランスとの傭兵契約同盟に加わっていたからである（チューリヒも一六一四年に復帰していた）。しかし侵略戦争に明け暮れ、傭兵を酷使するルイ一四世（在位一六四三〜一七一五年）の時代は、スイス諸邦にとっては多難であった。しかもフランスは、一六七四年にフランシュ・コンテ（スペイン・ハプスブルク領）を占領し、スイスの厄介な隣接国となる。諸邦はこの年に「武装中立」を宣言し、外国の軍隊の領内通過を認めない方針をとり、参謀会議を開いて国境警備を強化した。フランスへの反感はナント王令の廃止（一六八五年）によってさらに高まる。迫害されたユグノーはジュネーヴ、チューリヒ、ベルンなどに到来し、ピエモンテのヴァルド派も亡命者となった。通過も含めれば一五万人のユグノーがスイスに滞在したが、定住したのは約二万人である。なお当時のスイスの人口は一〇〇万人ほどであった。

フランス王は迫害者であったが、それでもスイス傭兵（総数およそ六万人）のうち三分の二はフランスに雇われていた。ただしオーストリアやスペイン、オランダなどとも傭兵契約があり、プファルツ継承戦争（一六八八〜九七年）やスペイン継承戦争（一七〇一〜一四年）ではスイス兵の同士討ちも起こった。中立政策はスイスの地を守ったが、諸外国の戦場ではスイス人の血がおびただしく流れていたのである。

なお近世のスイスが交渉相手にしていた王家はブルボンやハプスブルクだけではない。プロイセン王国のホーエンツォレルン家もスイスに深く関係していた。一七〇七年にスイスの従属邦であるヌシャテル侯領のオルレアン・ロングヴィル家が断絶したとき、ヌシャテルの諸身分は同家の遠縁、ホーエンツォレルン家のフリードリヒ一世に侯領を託し、フランス王家の進出を防いだからである。ホーエンツォレルン家はカルヴァン派であり、歓迎すべき統治者であった。ともあれスイスは、強国に囲まれて生きていく術を戦乱の近世に身につけていた。これが一八一五年のウィーン会議で国際的に認められ、一八四八年の連邦憲法に明記されて今日まで受け継がれるスイスの永世中立の歴史的背景である。

◀中立の寓意画（一九一四年）　第一次大戦を意識して作られた絵はがき。「スイスは荒海に浮かぶ孤島と同じであり、戦争に巻き込まれることはない」と書いてある。

第四章　市民革命と連邦国家

1 新しい思想と政治闘争

変化の始まり

　一七世紀後半のスイスにおいては、近代思想の受容度は低かった。教会人はとくに保守的であり、一六七五年に改革派が採択した『スイス一致信条』は厳格な正統的カルヴァン主義に立ち、新思想だけでなく宗派間の対話も拒否していた。また、旧教会もトレント公会議の精神を守りつづけていた。それでもジュネーヴでは早い時期からデカルト主義や理性主義的な神学の研究が現れ、一八世紀にはヌシャテルやバーゼルにも影響を及ぼす。

　宗教戦争の時代が終わると、改革派地域ではとくに宗派間の対話の機運が高まり、イギリス国教会やルター派との融和も進めて英独の先進思想に門戸を開こうとする傾向が生まれた。この立場は理性的正統主義と呼ばれるが、その先駆者はジュネーヴの神学者テュレッティーニである。教義よりも実践を重視する敬虔主義の運動も起こり、宗派主義の相対化に拍車をかけていた。そうしたなか、自然科学、数学、文学、経済学、教育学、歴史学にも新しい傾向が生まれ、啓蒙家たちは自由の増進や社会改良を唱えるようになる。当初はプロテスタント圏が先進的であったが、旧教世界でも都市部を中心に新しい動きがみられるようになった。

▶ザーロモン・ゲスナー（一七三〇～八七年）

◀オーラス・ド・ソシュール（一七四〇～九九年）

スイスの啓蒙思想

　改革派の理性的正統主義は、聖書の教えのなかの非合理的側面を背後に押しやり、自然的感覚やボン・サンス（良識）を強調したが、その態度は自然世界の学問的探求と親和関係にあった。たとえばバーゼルのベルヌーイ一族やオイラーによる数学と物理学研究、チューリヒのショイヒツァーやジュネーヴのオーラス・ド・ソシュールによる地質学的な高山研究などである。文学者もアルプスに注目していた。ベルンのアルブレヒト・フォン・ハラーの教訓詩『アルプス』（一七二九年）は山岳農民の健全な精神を描き、チューリヒのザーロモン・ゲスナーの『牧歌』（一七五六・七二年）

は高山を賛美した。

人間の生得的な権利（自然権）の法思想についてはローザンヌのバルベイラクやジュネーヴのビュルラマキが先駆的な研究を行っていた。一八世紀後半にはジュネーヴのルソーが社会契約論や一般意思論を説くが、それは都市の市民総会や農村のランツゲマインデの歴史に根ざすスイスの直接民主制的な政治風土を背景としていた。チューリヒではボードマーが中世の詩歌を再発見し、合理的精神を強調しすぎるフランス的な啓蒙主義を批判して早くもロマン主義に道を開いた。またチューリヒのラーファターは、非合理的な信仰の世界と啓蒙的理性の調和を説いた。スイスの啓蒙主義はドイツでも高く評価され、フリードリヒ二世（大王）がベルリンのアカデミーに招いた学者の三分の一はスイス人であった。

✚ヘルヴェティア協会と愛国精神

一七六一年にアールガウのシンツナハでヘルヴェティア協会が結成され、スイスを代表する知識人たちが集まった。目的は公益の増進と博愛主義の実践である。その中心人物は、人間社会の進歩の道程を描いた『人類史』（一七六四年）の著者、バーゼルのイザーク・イーゼリーンである。協会では宗派間の対話も重視され、カトリック圏

▶ヨーハン・ヤーコプ・ボードマー（一六九八～一七八三年）

◀ヘルヴェティア協会の出版物　協会の名を用いてチューリヒのヨハン・カスパル・ラーファターが出版した愛国的な内容の『スイス詩集』（一七六七年）。その後、曲がつけられ、合唱用に使われた。

の啓蒙思想家たちも仲間に加わった。カトリック圏でもっとも啓蒙主義が浸透していたのはゾロトゥルンである。

一八世紀には文芸の普及のための読書協会や農業の近代化を推進する経済協会、自然研究協会なども生まれ、フリーメーソンも一七三〇年代からジュネーヴやローザンヌにロッジを開いた。雑誌や新聞、百科全書の刊行も活発であった。新しい教育運動も随所で起こった。グラウビュンデンのウリッセス・フォン・ザーリスが一七七一年にマルシュリンスに開いた博愛学校はその先駆例である。また、ベルンのユリー・ボンテリのように読書サロンを開く女性もおり、女子学校の設立も相次いだ。なおスイスの啓蒙家たちは愛国精神にあふれており、彼らにとっては理性も自由もスイスの大自然と健全な民のもとで育まれたものであった。シャフハウゼンのヨハネス・フォン・ミュラーが一七八〇年代に書きはじめた『スイス盟約者団の歴史』にもそうした信念が満ちており、シラーの『ヴィルヘルム・テル』の着想はこの書物に記された解放伝説（建国伝説）から得られた。

✚革命の前哨戦

啓蒙主義は学者・聖職者・官吏を中心とする運動であり、その改良主義には限界が

あった。たとえばチューリヒのペスタロッチがブルック近郊に開いた貧者のための学校は、保守勢力の警戒ゆえに成功しなかった。一七二三年、ヴォー地方のベルン支配からの解放を求めるダーヴェル少佐がローザンヌで蜂起を呼びかけたが、不発に終わった。

ジュネーヴでは一八世紀初頭から政治闘争が始まり、居留民層も加わるようになっていた。運動家たちは一七八一年に代議制民主主義を求めて蜂起したが、軍隊に鎮圧された。この蜂起は、ナティーフ（土地っ子）たちがブルジョワ勢力のなかの代議制推進派と協力して起こしたものである。当時ジュネーヴの住民は四階層に分かれており、小市参事会員（二四名）になる資格はシトワイアン（旧市民）に限られ、産業を担うブルジョワ（新市民）は拡大市参事会（二百人会）に入れるだけであった。勤労大衆である居留民すなわちアビタン（新参の移住者）とその子孫ナティーフに参政権はなかった。

ジュネーヴの政治闘争はまずブルジョワの市民総会復活運動に始まり、すでにそれは一七三八年に実現していた。いずれにしてもジュネーヴの運動は市民革命の前哨戦であり、一八世紀後半からはルソーも関係していた。直接民主政を好むルソーは市民総会を評価し、『人間不平等起源論』（一七五五年）には市民総会宛の献辞がみえる。

一七五五年にはウーリの臣従地レヴェンティーナでも蜂起が起きた。当局は軍事力で弾圧し、屈辱的な公開処刑を行う。ルソーは中央スイスのランツゲマインデの原初的な民主政を評価していたが、参政権のない臣従民にとってそれは抑圧的な旧体制の一部でしかなかった。レヴェンティーナの住民は彼ら自身の集会を開き、それをパルラメント（議会）と呼んでいた。

▶**レヴェンティーナの蜂起**　鎮圧後の公開処刑（一七五五年）。兵士たちが住民をとり囲んで跪かせ、一揆首謀者の斬首を見守らせている。

◀**バーゼルの無血革命**　大聖堂に三色旗がはためき、広場には「自由の木」がそそり立っている。

2 フランス革命とスイス

✚革命の始まり

一七八九年に始まるフランス革命は、スイスの運命を大きく左右した。同年八月四日にフランス国民議会が発した封建的特権の廃止宣言は、フランスのアンシャン・レジームがスイスに与えてきた各種の利益の喪失も意味し、それは傭兵契約金から塩の供給にまで及んだ。スイスの統治者たちは革命の波及を警戒したが、歴史の流れを変えることはできなかった。パリでは亡命スイス人たちが革命の輸出を計画していた。そして一七九〇年にはスイス各地で散発的な革命運動が始まる。

シャフハウゼン農村部や下ヴァレーの運動はすぐに抑圧されたが、ジュネーヴでは八〇年代にフランスに亡命していた代議制推進派が帰郷して運動を再開し、居留民層や農村住民とともに体制の変革を実現する。またベルンの支配に苦しむヴォー地方でも革命に火がついた。

バーゼル司教の所領（ジュラ地方）でも

一七九〇年代初頭に革命運動が始まるが、オーストリア軍が鎮圧に協力して事態がこじれ、フランスによる占領を招いた。革命派は九二年にラウラキア共和国を樹立して司教支配に終止符を打つが、翌年にはフランスに編入され、モン・テリブル県となった（一八〇〇年からはオー＝ラン県）。

✚ヘルヴェティア共和国

一七九二年、フランスとオーストリアの戦争が始まったとき、スイス諸邦は中立の維持に努めた。しかしすでにスイスはフランスの亡命貴族・聖職者の避難先となっており、為政者の大半は反革命派であった。

そして同年八月一〇日にパリ市民と義勇兵がテュイルリー宮を襲い、ルイ一六世と王妃マリー・アントワネットを守るスイス近衛兵部隊を壊滅させると、スイス諸邦は態度をいっそう硬化させた。

しかし足下の革命運動は激しさを増し、グラウビュンデン、チューリヒ農村部、ザンクト・ガレン修道院領なども騒然としていた。フランス革命軍は破竹の勢いで進撃し、一七九六年にはスイス諸邦にフランス共和国を承認させ、ロンバルディアからアルプス南部の共同支配地に侵入し、チザルピーナ共和国を樹立した。翌年グラウビュ

▶ヘルヴェティア共和国の三色旗　緑は自由、赤と黄色は原初三邦の紋章の伝統色とされるが、詳しいことはわかっていない。

ンデンの臣従地（ヴァルテリーナ、キャヴェンナ、ボルミオ）もこの共和国に併合された。こうしてフランスの衛星国家がスイスを包囲していった。ミュールハウゼン（ミュルーズ）やジュネーヴは一七九八年春にフランスに編入された。

一七九八年には盟約者団を解体する「ヘルヴェティア革命」（スイス革命）がバーゼルやローザンヌで本格化することになる。最重要の指導者は、イーゼリーンの思想に心酔してヘルヴェティア協会に加わったバーゼルの政治家ペーター・オクスである。革命家への本格的な転身は、パリに招かれ総裁政府にスイスの革命の推進を要請されてからである。ただしオクスはフランス軍の介入を嫌い、一七九八年一月にはバーゼルの体制転覆を無血で行った。ヴォー地方でも同じことが起こり、ローザンヌでレマン共和国の樹立が宣言された。しかしそこにはフランスの「解放軍」が控えていた。ドイツ語圏スイスではザンクト・ガレン修道院領トッゲンブルクや共同支配地トゥールガウ、ラインタール、ザルガンスなどがアンシャン・レジームから解放され、住民はランツゲマインデ体制をとる主権邦の樹立を準備した。しかしそれは実現しなかった。フランスは中央集権を求めていたからである。他方、ベルン、フリブール、ゾロトゥルンは変革を拒み、フランスの出兵を招いて三月に敗北した。原初三邦はシュヴィーツを中心に旧体制を守ろうとしたが、五月には抵抗を断念する。ヴァレーの抵抗は激しかったが、同じ五月に流血の戦いのすえに革命を受け入れた。

◀ペーター・オクス（一七五二〜一八二一年）　革命成功後にはヘルヴェティア共和国の総裁政府を率いた。

一方、ヘルヴェティア共和国はすでに四月一日に発足しており、その憲法はオクスが前年にパリで用意したものであった。それはフランスの一七九五年憲法をモデルとしており、以下のような特徴をもつ。二院制の議会、市町村集会において一〇〇人に一名の割合で州の選挙人をたてる選挙制度、五人の総裁政府、総裁政府任命の知事が治める州制度、立法府・行政府とは別の司法機関（最高裁判所と地方裁判所）などである。なおこの憲法は人権の総覧と人民主権の原理を記した先進的なものであったが、州の編成については、原初三邦とツークなどをヴァルトシュテッテ州、アペンツェル、ラインタール、ザンクト・ガレン（旧都市領および旧修道院領）などをゼンティス州としている例からわかるように、無理な統合が目立った。当初は二一州で計画されたが、現実には一八州にされている。なお州をさす単語はカントンであるが、これは一五世紀末からスイス西部でドイツ語のオルトやシュタント（邦）の同義語として用いられたフランス語であり、新共和国では主権のない行政州を意味する。

共同体レベルでは古い制度も残り、スイス国民が平等に属する新しい「住民共同体」とは別に、都市や村落の古い特権層の「旧市民共同体」が設けられ、伝来の共有地や建造物の管理、社会事業などが委ねられた。それでも臣従地や共同支配地の民衆は革命によって大幅に権利を拡大した。ヴォー地方に熱心な共和国支持者が多かったのも偶然ではない。なおヘルヴェティア共和国においては、ドイツ語の排他的優越性は認められなくなり、法律も多言語で公布された。

✚ナポレオン時代

新しい共和国は短命であった。原因はエ

リート的共和主義者とジャコバン的急進派の対立、中央集権派と分権派の抗争、新しい租税（間接税・直接税）や徴兵制への民衆の反発、ニートヴァルデンの蜂起（一七九八年九月）を先駆けとする反革命運動、そしてフランス情勢の変化である。なおペスタロッチがシュタンスに戦災孤児のための施設を開いたのはこの時期である。

一七九九年にはオーストリア・ロシアなどの第二次対仏大同盟が反撃を開始し、スイス東部を「解放」する。しかしロシアのスヴォーロフ将軍のザンクト・ゴットハルト峠越えの失敗やフランス軍の反撃で反革命運動は潰える。フランスは九八年八月の攻守同盟によってヘルヴェティア共和国領内の軍隊通過権を得ていた。

しかしその後も旧体制の復活運動はやまず、政変が繰り返された。憲法が制限つき

◀子どもの手をとるペスタロッチ　シュタンス（ニートヴァルデン）の孤児院にて。コンラート・グローブ画（一八七九年）。

◀スヴォーロフ将軍顕彰碑（シェレネン峡谷）　現在もロシアとスイスの国旗が掲揚され、強風を受けてはためいている（筆者撮影）。

▶悪魔の橋の上で　ロシアのスヴォーロフ将軍の軍勢がシェレネン峡谷でフランス軍と戦う場面（一九世紀の水彩画）。

▶ナポレオン・ボナパルト　グラン・サン・ベルナール峠を越えて進軍する場面。ダヴィッド画（一八〇一～〇二年）。

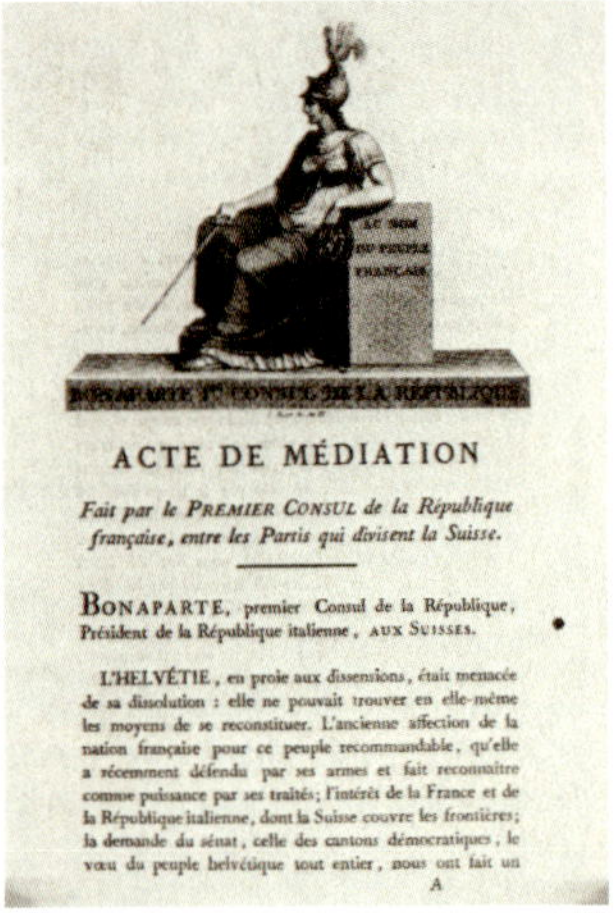

ACTE DE MÉDIATION

Fait par le PREMIER CONSUL *de la République française, entre les Partis qui divisent la Suisse.*

BONAPARTE, premier Consul de la République, Président de la République italienne, AUX SUISSES.

L'HELVÉTIE, en proie aux dissensions, était menacée de sa dissolution : elle ne pouvait trouver en elle-même les moyens de se reconstituer. L'ancienne affection de la nation française pour ce peuple recommandable, qu'elle a récemment défendu par ses armes et fait reconnaître comme puissance par ses traités; l'intérêt de la France et de la République italienne, dont la Suisse couvre les frontières; la demande du sénat, celle des cantons démocratiques, le vœu du peuple helvétique tout entier, nous ont fait un

A

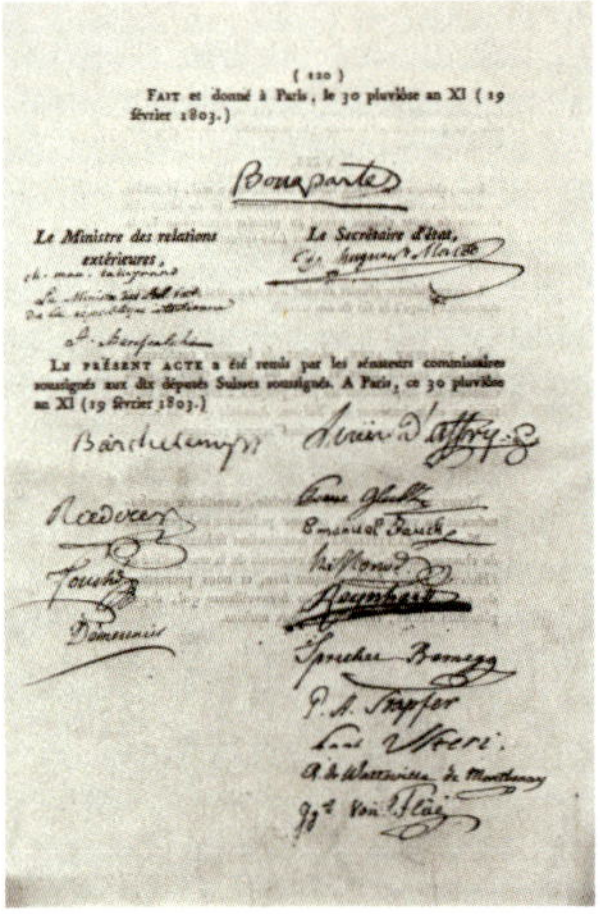

(120)

FAIT et donné à Paris, le 30 pluviôse an XI (19 février 1803.)

Bonaparte

Le Ministre des relations extérieures,

Le Secrétaire d'état,

LE PRÉSENT ACTE a été remis par les sénateurs commissaires soussignés aux dix députés Suisses soussignés. A Paris, ce 30 pluviôse an XI (19 février 1803.)

▶ナポレオンの「調停法」（一八〇三年）　タイトルページと最終ページ。ボナパルトの署名がみえる。

で認めていた出版の自由ゆえに、一〇〇種類以上の新聞がさまざまな意見を公にするなか、混迷は深まっていた。一八〇二年五月には中央集権派が分権派の主張に歩み寄るなかで、州の権限をやや広げる内容の体制変更案が提案され、憲法の定めに従って国民投票にかけられた。賛成票より反対票が多かったが、棄権を同意とみなす方式で可決とされた。ともあれ、これは近代スイス最初の国民投票である。同年夏、フランス軍はスイスの混乱をよそに撤退するが、それは解放を意味しなかった。この時期フランスを動かしていたのは、一七九九年のブリュメール一八日のクーデタで実権を握って第一統領（執政）となったナポレオン・ボナパルトである。

ナポレオンは衛星諸国を次々に君主国に変えたが、一八〇二年にはヘルヴェティア共和国の解体にも着手する。彼はまずヴァレーを独立国とし、アルプスの交通を確保した。そしてスイスの代表者たちをパリに集め、各邦の憲法を記した「調停法」を一八〇三年の春に作成し、旧体制を復活させた。これを「小復古」というが、それは単純な復古ではない。一三邦とグラウビュンデンのほかに、ザンクト・ガレン、アールガウ、ヴォー、トゥールガウ、ティチーノも邦となったからである。旧邦では古い統治制度が再導入されたが、新邦では近代的な代議制が保たれた。盟約者団会議も復活するが、その役割は同盟や条約の締結、和戦の決定など、最小限であった。会議はフリブール、ベルンなど六つの代表邦の首都で交替に開かれ、開催邦の首長が一年任期の国家元首（スイス知事）となった。なおこの時代のスイスにはジュラ、ジュネーヴ、ヴァレーは含まれておらず、これらの地はフランス領ないしその衛星国であった。ヌ

▶「同盟規約」（一八一五年）　上部に女神ヘルヴェティア（中央）、ゼンパハの戦いの英雄ヴィンケルリート（左）、テル親子（右）が描かれ、古い価値観の復活が示されている。ただし円を描くように配された新旧二二カントンの紋章は、この体制も単純な復古ではないことを示している。

▼ルツェルンの瀕死のライオン像　碑文はラテン語で、「スイス人たちの忠誠と勇気に」と読める（写真＝スイス政府観光局）。

シャテルもスイスの一九邦に含まれず、プロイセン王を君主とする侯国の地位だけを保った。なおプロイセン王の支配は一七〇七年以来のことである。

「調停法」はスイスにある程度の平和と安定をもたらした。ただしフランスはスイスとのあいだに防衛同盟と軍事協定（一八〇三年と一八一二年）を結び、一万六〇〇〇人の傭兵を確保し、第三次対仏大同盟との戦いに動員した。それでもスイス自体はフランス本土を守る中立地帯とされ、盟約者団会議も武装中立を宣言していた。

国内では経済発展もみられた。とくに繊維産業における水力紡績機の活用が注目される。ナポレオンの大陸封鎖令（一八〇六年）でイギリスからの原料輸入が途絶したことが追い風となっていた。小復古時代には、教養エリート層が非政治的な分野で公益の増進、経済や社会の近代化、文化の振興のための組織をつくりはじめた。スイス公益協会、スイス歴史研究協会、スイス芸術協会、スイス音楽協会などが生まれ、ヘルヴェティア協会も再結成された。

✚ウィーン体制と大復古

一八一二年、ナポレオンのロシア遠征が失敗に終わり、翌年にはドイツの解放戦争（諸国民戦争）が始まる。ロシア遠征には九〇〇〇人のスイス兵がフランスの軍旗の下に参加したが、帰還者はわずか七〇〇人であった。反撃に出た第六次対仏大同盟軍はライン川を渡り、スイス中部台地を西に向かうが、盟約者団会議はこれを黙認し、一八一五年にはフランス領への攻撃作戦にさえ参加した。

この間、スイスでは旧体制の全面的復古の動きが広がり、ベルンで復権した門閥政治家たちは旧一三邦の復活と新邦廃止を要求した。しかし一八一四年に諸邦の代表者たちは、五カ月間の長い会議を経て、新邦の存続とジュネーヴ、ヴァレー、ヌシャテルの正規カントンとしてのスイス復帰を決め、「同盟規約」を採択した。こうして二二邦体制のスイス盟約者団が生まれた。主権は各カントンにあり、盟約者団会議の議長はチューリヒ、ベルン、ルツェルンの三代表邦が二年交替で務めることになった。スイス知事の制度は廃止された。

一八一四年九月に始まったウィーン会議は、翌年三月にスイスの「同盟規約」を承認し、同国の永世中立と領土の不可侵を確認した。列強にとってスイスの中立はフランスの膨張を抑える戦略として有意義であった。列強はジュネーヴ、ヴァレー、ヌシャテルだけでなく旧バーゼル司教領（ジュラ）もスイスに戻すことを決めた。ただしこの地はカントンにはならず、ヴォー地方とアールガウを失ったベルンに与えられた。住民には意思表示の機会はなかった。いわゆるジュラ問題の背景はここにある（第五章3の「二三番目のカントン」を参照）。

スイスに隣接するサヴォワ北部はフランスからサルデーニャ・ピエモンテ王国の手に渡り、フランスの侵略を防ぐために中立地帯とされ、その監視はスイスに委ねられた。グラウビュンデンの臣従地は返還されず、ロンバルディア・ヴェネト王国の領土となる。なおスイスにおける複数言語の使用は、法的な根拠はないまま現実的に引き継がれ、盟約者団会議も独仏両言語で行われた。諸決定はイタリア語やロマンシュ語にも訳された。ただし一八二一年に正文はドイツ語と定められた。

ウィーン体制はヨーロッパ中で古い秩序を復活させたが、それとともにスイスと周辺諸国との傭兵契約同盟も復活し、プロイセンも新たに傭兵供給を受けた（傭兵はプロイセン王を君主とする体制のままスイスのカントンとなったヌシャテルから派遣された）。一八二一年、デンマークの彫刻家トルヴァルセンの手でルツェルンに「瀕死のライオン像」が製作されたが、それはフランス革命時にテュイルリー宮で死んだスイス傭兵を悼み、ヨーロッパの旧体制を守る役割を新たに担う闘志を示すものであった。諸邦は武装中立の維持のために分担出兵制による軍備強化を進め、七万人の兵力をたくわえ、国境関税を原資とした軍事金庫によって盟約者団参謀本部を運営し、士官学校を新設した。一方スイスは、一八一七年、中立の立場にもかかわらず、古い秩序を守るヨーロッパの君主国からなる「神聖同盟」に加わった。

＋変化の種

諸カントンは保守的な体制をとり、選挙制の立法府（大評議会）をもつ都市カントンでも選挙区の区割りや財産評価によって農村住民の政治参加を制限していた。旧体制の支配者のいない新カントンでさえ、権威主義的エリート支配が横行し、財産評価による選挙が行われた。「同盟規約」には人権規定がなく、国家教会の復活によって信仰の自由も結社の自由も失われ、出版の自由や営業の自由さえ制限された。ただし居住の自由は諸邦の協約によってかろうじて残った。古い都市ではツンフト規制がよみがえった。関税はカントンと市町村が徴収し、その主体は四〇〇以上にも及んでいた。さらに度量衡の基準にいたっては、カントンと同じ数だけ存在した。

しかし、「同盟規約」とともに始まった「大復古」の時代にも、共和国時代の自由と平等のなごりや進歩への願望が消えたわけではない。ヴァレーは共同体（ツェーンデン）の数を七から一三に増やし、かつて革命運動を展開した旧臣従地の住民にラント参事会資格を認めていた。自由主義的な民間団体も生まれた。一八一九年結成のスイス学生協会（通称ツォーフィンギア）が

▲ヌシャテル湖の蒸気船　一八二六年に就航した木造の蒸気船ユニオン号。

▼最初のウンシュプンネン祭（一八〇五年）　インターラーケン近郊で開かれた伝統文化の祭典。合唱やスイス相撲などの競技が披露され、スイス人相互の地域間交流と観光開発を促した。

その代表例である。愛国的傾向の強いスイス射撃協会や体操協会、合唱協会なども、祝祭や定例行事のなかでスイス人の広域的な連帯を促進し、保守的な政治と社会に対する批判精神を培った。諸カントンは改革を全面否定したわけではなく、『ナポレオン法典』（一八〇四年制定）や『オーストリア一般民法典』（一八一一年制定）をモデルとした私法の整備を進め、大学やギムナジウムの創設にもとりくんだ。

大復古時代のスイス経済は列強の関税政策やイギリスの輸出産業の力を前に苦戦したが、伝統的な繊維産業と時計工業のほかに機械工業も発達しはじめ、産業革命を成功に導いた。たとえばゾロトゥルンの製鉄会社フォン・ロールやヴィンタートゥールの機械製造会社ズルツァー（スルザー）は大復古時代に生まれた企業である。とくにズルツァー社が製造する水力タービンや蒸気機関はスイスの工業発展を支え、アルプスの観光化の原動力にもなった。鉄道時代の始まりは一九世紀後半からであるが、レマン湖やヌシャテル湖には早くも一八二〇年代に蒸気船が就航し、観光客を運んでいた。山岳部の観光化はインターラーケンのような先進地では小復古時代に始まる。なお観光業はスイスの人と自然を描いたロマン主義の文学や絵画の恩恵も受けていた。たとえばバイロンが一六世紀のジュネーヴの独立運動家ボニヴァールをしのんで書いた詩『ションの囚人』（一八一六年）は、多くのイギリス人をレマン湖にいざなった。

▶チューリヒのウスター住民集会（一八三〇年一一月）およそ一万人の群衆が集まり、カントン憲法の改正を求めた。

大復古時代は官憲国家と家父長制の再強化の時代であり、個人の自由は大きく制限された。しかし周辺の君主国に比べれば取締はゆるかった。オーストリアの宰相メッテルニヒが推進した自由主義弾圧政策のなかで、スイスも新聞雑誌・外国人取締令（一八二三年）を定め、フランスの反王党派やイタリアのカルボナリ党などの亡命に備えたが、カントン主権ゆえに効果は不十分であった。大復古時代は愛国心の高揚の時代でもあり、モルガルテンの戦い（一三一五年）やゼンパハの戦い（一三八六年）に勝利した父祖たちが讃えられた。誇り高いスイス人たちには、オーストリアの言うなりになる気持はなかった。そして一八三〇年には自由の息吹がよみがえる。変化の種はすでに随所にまかれていた。

✚自由主義の再生

一八三〇年にパリで起こった七月革命はスイスにも影響を与え、多くのカントンでリベラル派の運動が起きた。彼らはデモや住民集会を通じて憲法改正を求め、農村部（旧臣従地）を不利に扱う選挙制度を人口比による平等な制度に変更させ、大評議会の多数派となった。首都の特権は失われ、財産評価による選挙権の制限も撤廃されていった。チューリヒのように人民主権、信仰の自由、人格の自由、出版の自由、通商と営業の自由などを憲法にうたったカントンや、ザンクト・ガレンのようにすべての法律案を住民投票にかける制度をつくったカントンもある。こうした動きは「自由主義の再生」と呼ばれるが、その担い手は諸邦の企業家や教養層であった。他方、保守派の抵抗で「再生」が成功しなかったカントンや、深刻な内部対立が生じたカントンもある。シュヴィーツ領では旧臣従地（アインジーデルンなど）の人々が一八三一年に独立の新カントンとなる決議を行い、軍事衝突も予想されたが、憲法改正を行う方向で妥協が成立した。このときには盟約者団全体が新カントン賛成派と反対派に分かれた。「再生」の問題はスイス全体を引き裂く危険をはらんでいた。なおシュヴィーツ領のカントン化構想はバーゼルをモデルとしていた。バーゼルでは都市の特権（有利な議席配分）にこだわる保守派と農村の改革派が衝突し、カントン分割が模索されていた。カントンの分割は一八三三年に実現し、バーゼル都市部とバーゼル農村部が生まれる。

　この間、リベラル派の諸邦は連携を強め、一八三二年三月に盟約者団自体の改革、すなわち「同盟規約」の全面的改正を射程に入れ、「七カントン協約」を結んだ（チューリヒ、ベルン、ルツェルン、ゾロトゥルン、ザンクト・ガレン、アールガウ、トゥールガウ）。これに対し、保守派の諸邦は「ザルネン同盟」を結んで対抗する（原初三邦、バーゼル、ヌシャテル、ヴォー）。ただし、この対立の構図は固定的なものではなく、リベラル派ないし保守派の政権が短期間で交替するカントンもあった。

　また各派も一枚岩ではなかった。チューリヒでは一八三二年一一月、工業化によって生活を脅かされた民衆がウスターで工場焼き打ち事件を起こし、リベラル派のカントン政府を当惑させていた。政府が自由主義的な教育改革を進め、初等教育の充実と近代化を図ったときにも農村部で反対が起

◀**アールガウ事件**（一八四一年）　バーデンのカプチン会士が十字架をかざしながら急進派の軍隊の前に立ちはだかっている（同時代のカリカチュア）。

◀**廃止された修道院**　一一世紀にさかのぼるアールガウのムーリ修道院（ベネディクト会）。一八四一年に急進派のカントン政府の命令で廃止され、修道士たちはやむなく退去した。

こった。一八三九年にチューリヒ大学神学部にドイツの自由主義的な神学者シュトラウスを招聘することが決まったときには、伝統的な信仰を守ろうとする改革派教会から猛反対が起きた。農村部の住民は蜂起にいたり、学問的なイエス伝研究で有名なシュトラウス教授の招聘は頓挫した。この年チューリヒでは保守派が政権につき、改革にブレーキをかけた。しかし農村部の住民の不満は工業化の進展に起因しており、そのための十分な対応策はとられなかった。この時期、税制改革や福祉の増進とともにカントン主権の廃止、中央集権による統一的改革の実現を唱える「急進派」が自由主義勢力から分かれ、独自の運動を展開し、一八四二年の選挙で躍進を遂げた。

急進派はベルンやヴォーでも勢力を伸ばした。アールガウでも同じである。ここでは一八四一年に古い二宗派同権体制（議席の等分）をやめ、選挙区の人口によって議席数を決める制度がとられたが、この改革は反対派のカトリック勢力の蜂起を招いた。政府は対抗措置として邦内の八つの修道院を廃止する。「同盟規約」は修道院の存在を認めていたため、盟約者団会議はアールガウ政府に修道院廃止命令の撤回を求めるが、復活したのは四つの女子修道院だけであった。いずれにせよ、このアールガウ事件はスイスの内部対立をいっそう深刻なものにした。一方、カトリック諸邦では保守派が力を強め、ルツェルンでは邦外のリベラル派や急進派とも衝突を引き起こした。カトリック圏でリベラル派が政権を保ったのはゾロトゥルンとティチーノだけである。

▶バーゼルの分割（一八三三年）　農村代表（右）がチーズに描かれた都市部を切り落としている。都市代表（左）はその小ささに当惑している（当時のカリカチュア）。

✚分離同盟戦争

一八四一年、ルツェルンでは保守派が政権を獲得し、伝統回帰の政策をとった。その過程で政府は一八四四年にイエズス会に教育事業を委ねたが、このことは急進派の強い反発を招く。ルツェルンの急進派は武力による反抗を試み、ベルンやアールガウから数千人の義勇軍を迎え入れた。これに対してカトリック保守派諸邦は、一八四四年一二月に「防衛同盟」を結ぶ（原初三邦、ルツェルン、ツーク、フリブール、ヴァレー）。この同盟は宗派対立時代の「黄金同盟」（一五八六年）を彷彿させるものであった。盟約者団会議では、リベラル派と急進派がこの同盟を「同盟規約」違反の「分離同盟」と呼んで非難する。しかし、その解散を命じる議決に必要な票数は僅差で得られなかった。

そうしたなか、ザンクト・ガレンで保守派からリベラル派・急進派への政権交代が起こり、「分離同盟」反対のカントンが増え、禁止議決が可能となる。一八四七年夏、盟約者団会議は「分離同盟」の解散、イエズス会の追放、リベラル派・急進派の主張に沿った「同盟規約」の改正を決め、ジュネーヴのデュフール将軍を司令官に任命して軍事行動を起こした。「分離同盟」側は多少の抵抗を試みるが、ルツェルンを占領されて解体し、保守派は政権から追い落とされた。そして一八四八年二月、パリで革命が起きると、ウィーン体制は崩壊し、スイスは列強の干渉を恐れずに「同盟規約」を改正することができた。完成した改正案は、まさに新憲法であった。六カントン半（〇・五票分のアペンツェル・インナーローデンを含む）の反対があったものの、ルツェルンとフリブールが賛成にまわり、原案は九月に可決される。そもそも「分離同盟」の人口は約四〇万、それ以外は約二〇〇万であり、改革は多数のスイス人の支持を得ていた。

3 新しい連邦国家

＋一八四八年憲法

一八四八年に制定された連邦憲法は現代スイスに受け継がれる重要な枠組みであり、一八七四年と二〇〇〇年の全面改正を経た現在も根本的な変更はない。この憲法によって一五〇年以上にわたって保たれてきたのは、憲法の定める範囲で連邦政府がカントン主権を制限するという、中央集権的要素をもった連邦制である。連邦の立法府は二院制をとり、一カントン二議席の全州議会（上院）と人口二万人に一人の割合でカントンに議席が配分される国民議会（下院）に分かれ、前者はカントンの裁量によって、後者は国民の直接選挙によって議員が選ばれた。当初の議員数は前者が四四（現在四六）、後者が一一一（現在二〇〇）である。行政府は両議会の合同会議で選出される七名の閣僚によって構成された。彼らはそれぞれ七つの官庁の長官でもある。それらの（現在の）名称は、外務省（EDA）、内務省（EDI）、司法警察省（EJPD）、国防・国民保護・スポーツ省（VBS）、財務省（EFD）、経済省（EVD）、環境交通エネルギー通信省（UVEK）である。閣僚の任期は三年（現在は四年）であり、彼らは輪番で一年任期の連邦大統領となったが、その権限は弱く、閣僚会議も合議制（同僚制）によっていた。また、カントンの管轄を超える司法問題を扱う機関として連邦裁判所がつくられた。ただし、これがローザンヌに常設化されるのは一八七四年である。なおベルンは四八年憲法において首都と定められた。「独立と中立」を守るための国防に関しては、カントンの分担出兵制が保たれ、連邦常備軍のない民兵制（国民皆兵）がとられた。なお外国との傭兵契約は禁止された。軍事の中央集権化は進まなかったが、重火器だけは連邦が管理した。

◀分離同盟戦争（一八四七年）　ルツェルン農村部で勝利を収めるデュフール軍（当時の水彩画）。

四八年憲法は、先進カントンの事例を参考にした国民投票（レファレンダム）と国民発議（イニシアティヴ）の規定を含んでいた。憲法の全面改正は両議会の発議あるいは有権者五万人以上（一九七七年からは一〇万人以上）の発議によって行うと定められ、後者の場合および議会の一つだけによる発議の場合は国民投票でまず改正の是非を問い、過半数の賛成があれば議会の解散、選挙、改正案の作成を行い、最終的な国民投票にかけることになっていた。投票は必須であるため、これを「義務的レファレンダム」という。その際には、賛成カントンが過半数であることも可決の要件であった。一八九一年には憲法の部分改正についても有権者五万人以上（一九七七年からは一〇万人以上）の署名による発議が認められたが、これはスイスの直接民主政の確立史のなかで画期的な出来事である。なおイニシアティヴ制度を最初に定めたのは一八四五年のカントン・ヴォーの憲法であり、そこにはルソーやコンドルセの政治思想の影響があった。この改革を指導した急進派の政治家アンリ・ドリュイは、ローザンヌ、ハイデルベルク、パリ、ロンドンで法学を学んでいた。

▲1848年の連邦閣僚　スイス連邦の初代大統領はチューリヒ、ヴィンタートゥール出身の急進派ヨナス・フラーである（中央）。その右上はヴォーのアンリ・ドリュイ。彼は司法警察長官に就任した。

　四八年憲法には詳細な人権規定があり、法の下の平等、選挙権、請願権、言論の自由、結社の自由、信仰の自由・礼拝の自由などがうたわれている。ただし信仰の自由・礼拝の自由はキリスト教の二宗派だけを対象とし、ユダヤ教徒は無視された。言語に関しては独仏伊の三言語が連邦の国語とされ、公文書も三言語で作成することになった（グラウビュンデンの内部問題に関してはロマンシュ語を使用）。連邦政府は通貨、度量衡、関税、郵便制度などを管轄したが、司法、警察、徴税、教育、民間防衛はカントンの守備範囲であった。

　ところで、ヨーロッパ諸国で四八年革命が挫折すると、ドイツやイタリアの自由主義者やフランスの共和主義者がスイスに亡命してきた。連邦政府は列強の干渉で亡命者をアメリカなどに追放することもあったが、急進派政権下のバーゼル農村部やティチーノは同調しなかった。そもそも亡命者の庇護は、近世のプロテスタント避難民の受け入れの時代からスイスの伝統である。

✚党派対立

　スイスでは一八四八年に連邦議会選挙（小選挙区制）が実施されるが、その結果は、今や協力関係にあるリベラル派と急進派の圧勝であり、七閣僚も彼らの党派である「自由主義急進派」で構成された。その際カトリック二名、非ドイツ語圏出身者二名を迎えてバランスがとられたが、他の党派は排除された。なお自由主義急進派のなかでとくに前衛的な活動を展開したのは、フリーメーソンと学生団体ヘルヴェティアの構成員である（後者は政治面で中立的な学生協会であるツォーフィンギアから分離した組織である）。

　選挙で敗れた保守派は、カトリック圏の旧「分離同盟」諸邦を地盤とし、中央集権化、工業化、教育の近代化といった与党の政策に反対し、古い教会の伝統や家父長制的な秩序を守ろうとした。彼らを勢いづけたのは、第一ヴァチカン公会議（一八六九～七〇年）で近代主義を批判し、教皇の不可謬性を宣言したピウス九世である。こうした保守派の運動を抑えるために、ゾロトゥルンでは修道院の廃止や宗派学校の禁止が決定され、ベルンでも修道院の廃止（三カ所）と保守派の聖職者の追放が行われた。この抑圧策はとくにジュラのカトリック地域の反政府感情を増大させた。なお当時の対カトリック強硬策は、ドイツのビスマルクの政策との類比から「文化闘争」と呼ばれる。

✚ 鉄道問題

一八四八年以後、スイスのカントンと連邦の政治において権力を握ったのは大ブルジョワであり、彼らは元老（バロン）と呼ばれた。その典型はチューリヒのアルフレート・エッシャーである。彼は一八五三年設立の民間鉄道である北東鉄道や一八五六年創設の信用銀行クレディ・スイスの経営者であり、カントン議会の議員や閣僚を経て連邦の国民議会議員となり、一大派閥を率いた。なお彼は連邦立大学の設立に積極的であり、チューリヒ工科校の創設（一八五五年）にも尽力している（一九一一年に連邦工科大学と改称）。ただし基本的に教育はカントンの領分であり、チューリヒもベルンも独自に大学をつくり、それぞれの風土に合った教育の高度化を進めていた。それでも工学や自然科学の先端的研究は連邦全体の課題であった。

他方、原材料や製品を輸送し、旅客を運ぶ鉄道についても連邦の役割が期待されていたが、カントンの利害対立ゆえに連邦は力を発揮できなかった。一八五二年成立の鉄道法はカントンの建設許可と民間企業による鉄道敷設を原則としていたが、すでにスイス最初の鉄道は二〇キロほど離れたチューリヒ・バーデン間に一八四七年に敷設されていた。スイスの産業発展（機械工業）にとって鉄道輸送は不可欠であり、それなしでは国内市場の活性化も諸外国との経済関係の強化も望めなかった。そのため、新たな需要に応えるべく、鉄道会社は競って路線をつくった。とくに重要なのは、チューリヒを中心としてボーデン湖方面やゴットハルト方面にも進出した北東鉄道（NOB）、バーゼルを中心としてオルテン、ベルン、ルツェルンに路線を延ばし、フランス方面にも接続した中部鉄道（SCB）、ザンクト・ガレン方面の連合鉄道（VSB）、ジュネーヴを中心にレマン湖北岸を走り、ヌシャテル、ヴォー、ジュラ方面に、またヴァレー方面にも（蒸気船も用いて）旅客を運んだ西部諸鉄道である。蒸気船はボーデン湖やフィーアヴァルトシュテッテ湖にも就航し、観光業の発展にも寄与した。な

◀バーデンの鉄道駅　一八五〇年の版画。左側の駅舎は現在も使われている。

◀アルフレート・エッシャー（一八一九～八二）　エッシャー家はチューリヒの名門であり、エッシャー・ウィス（ドイツ語ではエッシャー・ヴィース）の創業者ハンス・カスパル・エッシャーもその一族である。なおアルフレートの父ハインリヒはアメリカ貿易で財をなした。

▲リギ山頂からの眺望　1840年代に団体旅行会社を創設したイギリスのトーマス・クックはスイス旅行も企画し、レマン湖畔、ヌシャテル、ベルナーオーバーラント、フィーアヴァルトシュテッテ湖畔、リギ山などに100人以上の団体を案内した。観光客たちはスイス時計を買い、ヨーデルとアルプホルンの伴奏つきの夕食をとった（写真＝スイス政府観光局）。

お、西部諸鉄道は一八九〇年代にジュラ・シンプロン鉄道（ＪＳ）に統合された。

これらの「四大鉄道」をはじめとするスイスの鉄道の分散性は、無駄な並行路線の出現につながった。このことに対する批判や資本調達の限界ゆえに、やがて連邦鉄道の構想が現実味を帯びることになる。国際路線の敷設のための外交の必要性や鉄道の軍事的意義もその背景であった。

一八七一年、エッシャーを社長とするゴットハルト鉄道会社ができ、ドイツやイタリアの負担も求めてアルプス縦断鉄道を敷設する計画が始まっていたが、それは民間企業だけで担える事業ではなかった。そのため一八七二年に鉄道法が改正され、カントンの権限は連邦に移され、民間鉄道の国有化が始まる。四大鉄道の買い上げは二〇世紀初頭までかかるが、以後それらの路線はスイス連邦鉄道（ＳＢＢ／ＣＦＦ／ＦＳＳ）によって運行された。なおゴットハルト・トンネルは国有化以前の一八八二年に完成しており、一九〇六年にはシンプロン・トンネルも開通する。連邦鉄道の創設は保守派の多くも容認しており、一八九八年の国民投票では投票者の七割および二二カントン中の一五カントンが賛成票を投じた。ただし、民間鉄道も山岳部を中心に残った。レーティッシュ鉄道（ＲｈＢ）やフルカ・

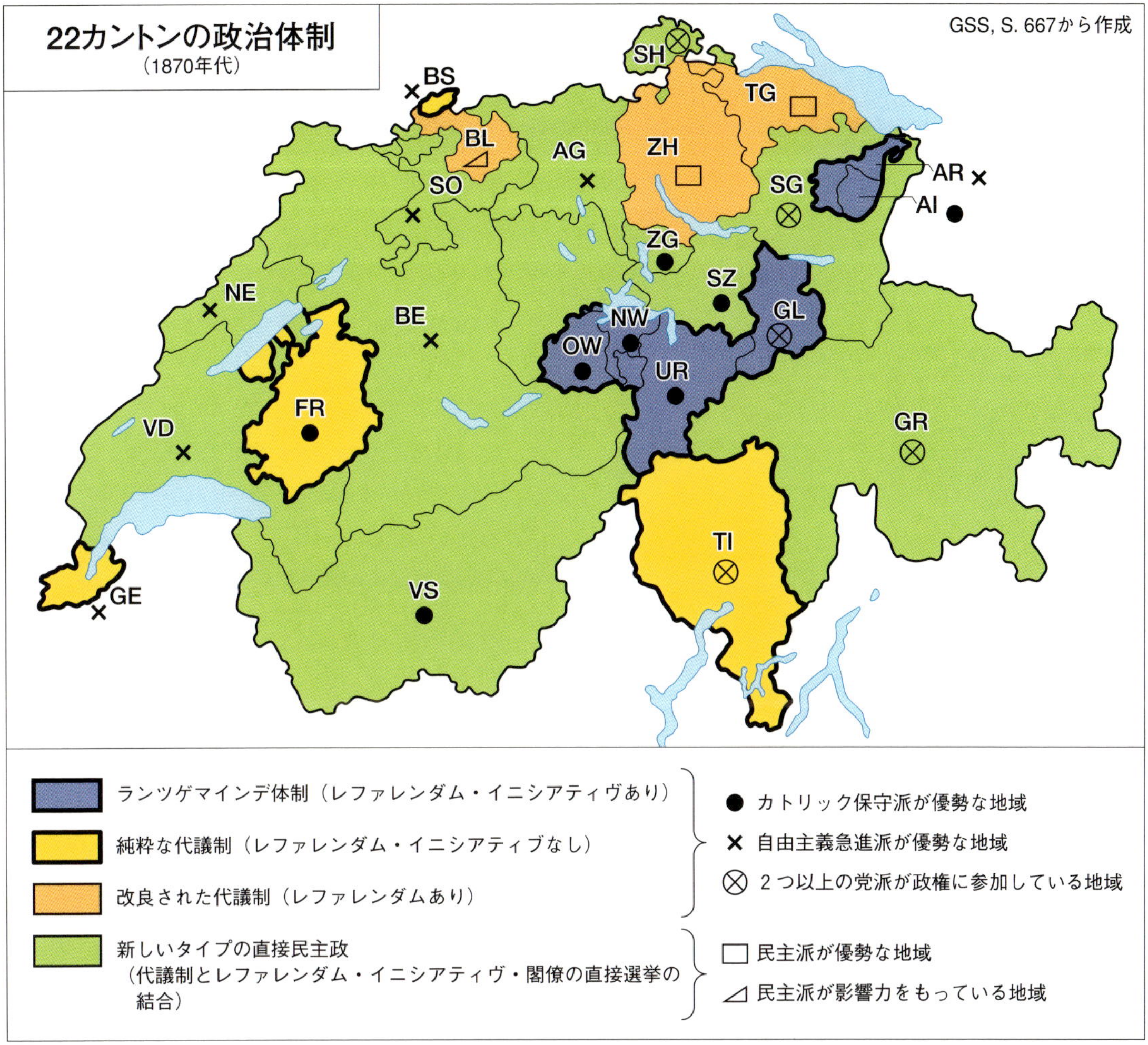

▲カントンのレベルでは憲法だけでなく法律もレファレンダムとイニシアティヴの対象となる地域があり、連邦より進んでいた。ZH＝チューリヒ　BE＝ベルン　LU＝ルツェルン　UR＝ウーリ　SZ＝シュヴィーツ　OW＝オプヴァルデン（半カントン）　NW＝ニートヴァルデン（半カントン）　GL＝グラールス　ZG＝ツーク　FR＝フリブール　SO＝ゾーロトゥルン　BS＝バーゼル都市部（半カントン）　BL＝バーゼル農村部（半カントン）　SH＝シャフハウゼン　AA＝アンペンツェル・アウサーローデン（半カントン）　AI＝アペンツェル・インナーローデン（半カントン）　SG＝ザンクト・ガレン　GR＝グラウビュンデン　AG＝アールガウ　TG＝トゥールガウ　TI＝ティチーノ　VD＝ヴォー　VS＝ヴァリス　NE＝ヌシャテル　GE＝ジュネーヴ

オーバーアルプ鉄道（FO）である。なお後者は今ではツェルマット鉄道（BVZ）と合併し、マッターホルン・ゴットハルト鉄道（MGB）になっている。

＋一八七四年の憲法改正

一九世紀のスイスにおいては、後述する一八七四年の憲法全面改正を土台として連邦の役割の拡大が進むが、その主な担い手は元老支配を批判する自由主義急進派内の「民主派」であった。彼らはまず一八六〇年代にカントンの政治改革を試み、直接民主政の強化を求め、カントン憲法と法律の住民発議、法律案に関する住民投票、閣僚の公選、カントン議会への比例代表制の導入を訴え、教育の充実、公平な税制、カントン立銀行の設立、一般市民も利用しやすい信用制度などを要求した。民主派の力が強かったのは、バーゼル農村部、ベルン、アールガウ、チューリヒなどであり、彼らの運動が早期に成功したチューリヒでは法律イニシアティヴも可能となった。またベルンやトゥールガウなどのように閣僚や議員のリコール制を導入したカントンもある。

民主派はやがて連邦政治の改革にのりだす。この時期、イタリアやドイツの国家統一の影響もあって、連邦の課題は増える一方であった。たとえばイタリア統一の際、一八六〇年にサヴォワがフランスに割譲され、ウィーン会議以来のサヴォワ北部の中立も危うくなるが、同じ頃、スイスではサヴォワ北部の併合を唱える愛国勢力が発言力を増していた。その先頭に立ったのはベルン出身のヤーコプ・シュテンプフリ大統領（自由主義急進派）である。彼は連邦鉄道の唱道者であり、中央集権論者であった。一方フランスのナポレオン三世は、国境地帯のフリーゾーン（無関税地帯）を拡大してサヴォワ住民の利益を図り、住民投票を実施してフランスへの帰属を表明させた。皇帝は軍事だけでなく政治的調整にも長けていた。その背景には二〇年を超えるスイス亡命時代の経験がある。彼はトゥールガウの城に住み、デュフール将軍のもとで砲術を学び、スイスの政治と軍事に関する論文も書いていた。しかしその命運も普仏戦争の敗北によって尽きる。その際、敗走するフランス兵がスイス国境を越えたが、このことはスイス人に国境警備の重要性を痛感させ、連邦の役割の強化を求める声が高まる要因となった。

民主派は一八七二年に「一つの法、一つの軍隊」の実現をめざす憲法全面改正案を提起する。それは軍事の中央集権化、法の統一化と労働立法・社会立法の推進、法律イニシアティヴおよび法律・連邦決議を対象とする任意的レファレンダム（後述）の導入などを内容としていた。しかしこの案は集権化の色彩が強すぎ、国民投票の結果は否決であった。民主派は戦略を練り直し、一八七四年、中央集権的内容の提案を修正し、法律イニシアティヴなどの急激な民主化要求もとりさげた新しい案をまとめ、一八七四年の国民投票で可決を勝ちとる。民主派は自由主義陣営の分裂を避け、分権的志向の強いフランス語圏のプロテスタント勢力も味方につけていた。彼らにとって共通の敵はカトリック保守派（教皇至上主義者）であった。自由主義勢力は「文化闘争」を続行し、カントンや連邦政府を動かし、自由主義を圧迫する教皇至上主義者、たとえばバーゼル司教ユジェーヌ・ラシャやジュネーヴ司教の復活をめざすガスパル・メルミヨの追放を断行した。他方、カトリックのリベラル派のなかには前述の第一ヴァチカン公会議に反発する人々もおり、彼らは教皇のいない「古カトリック教会」を創設した。この教会はベルンに司教をおいてスイス全体を司教区としたが、その勢力は小さく、教会員の多くは上層の人々であった。

ところで、一八七四年憲法は妥協の産物ではあったが、スイスの政治と社会を大きく変えた。直接民主政の要素が強められ、有権者三万人以上（一九七七年からは五万人以上）の署名が集まれば、議会が承認した連邦法や一般拘束的な（つまり全国民に関わる）連邦決議も国民投票の対象となった。これを「任意的レファレンダム」という。この制度は一種の拒否権として機能し、国民の政治参加の範囲は確実に広がった。同時にこの制度は、保守派にも歓迎されるものであった。票決を行う者を結束させて政治を動かせる体制は、前近代の共同体政治を担い、都市ないし農村の参事会や住民集会を指導してきた上層の人々にとっては、特権としての「自由」や権威主義と両立できるものであったからである。

しかし七四年憲法は、保守派の嫌う連邦の立法権、司法権の拡大も確実に進めていた。象徴的なのは、六年任期の九人の判事による連邦裁判所がローザンヌに常設されたことである（現在の判事数は三八人）。

新憲法は人権の確立史においても重要であり、信仰の自由・良心の自由を保障し、キリスト教の二宗派以外の信仰をもつ者にも礼拝の自由を認めていた。また居住の自由、通商と営業の自由を確認しており、残酷な刑罰、債務拘束、死刑の執行も禁じていた。ただし一八七九年には死刑に関する判断はカントンに委ねられたため、一部の地域で復活し、一九四二年の連邦レベルでの再廃止まで存続することになる（軍事法廷では第二次大戦中まで行われる）。他方、七四年憲法では「文化闘争」を受けてカトリック教会の権利が制限され、連邦の許可を得ない新司教区の創設の禁止、イエズス会の活動の禁止、修道院の新設・復活の禁止が明記された。この時期すでに連邦政府は教皇庁と断交していた（一八七三〜一九二〇）。なお、イエズス会条項と修道院条項は一九七三年まで、司教区条項は二〇〇一年まで存続する。

✚経済と社会

一九世紀半ばまでにスイスでは繊維工業や時計工業が発展し、輸出は増え、機械や建設関係の国内需要も高まっていた。しかしドイツの会社設立ブーム時代の好景気が一八七三年の株価暴落をきっかけに大不況に転じると、スイスもそれに巻き込まれた。

◀**国境を越えてきたフランス軍**　九万人の兵士（ブルバキ軍）の侵入は敗残兵とはいえ脅威であり、ヌシャテルの国境の村レ・ヴェリエールで武装解除が行われた。

スイスは食料、原材料、燃料（綿花から鉄鉱石、石炭まで）を輸入し、各種の製品を輸出するなかで、すでに国際経済に深く組み込まれていたからである。しかし一八九〇年前後に景気は回復し、急速な工業化が進行する。一八五〇年と一八八八年を比較すると、農業部門（第一次産業）の就業者数は五七パーセントから三七パーセントに減り、工業部門（第二次産業）の就業者数は三三パーセントから四二パーセントに増えた。工場労働者は一八八〇年に一五万人に達するが、増加率は重工業の弱さもあって緩慢であった。これに対して古いタイプの家内労働者は一二万人を数えた。しかし一九〇〇年頃には水力発電の成功とともに電気機械工業が隆盛し、織機、鉄道車両、蒸気機関、発電機などが生産された。繊維産業の染色・漂白技術は、ライン川流域、とくにバーゼルで化学工業や製薬業を育てた。たとえばチバ社やガイギー社、ロシュ社などである。ネスレ社やマギー社に代表される食品産業も一九世紀後半に生まれた。その主力製品である粉ミルクや固形スープの素は、高い栄養価と調理時間の短さゆえに工場で働く女性たちにも歓迎された。またこの時期には固形ミルクチョコレートも普及しはじめた。一八四〇年から一八八七年までにスイスは輸出を三倍に増やし、植

▶ベルンの連邦議事堂　一八七四年の憲法改正によって連邦の役割は強化され、一八八〇年代から増築がはじまり、一九〇二年に堂々たるドームのある現在の建物が完成した（写真＝スイス政府観光局）。

民地なき海外進出に成功する。一八六四年の日瑞修好通商条約はその成果の一つである。

スイスの賃金水準は高くなり、周辺国から移民が到来し、食品加工業のハインリヒ・ネストレ（現ネスレ社）や機関車製造のヴアルター・ボヴェリ（現ＡＢＢ社）のように成功する者もいた。移民人口は一八三七年には全体の二・六パーセントであったが、一九一〇年には一四・七パーセントに達する。一九世紀半ばには二〇〇万人台であったスイスの現住人口は、経済発展と移民の増加につれて急増し、一九〇〇年に三三〇万人、一九一四年に三九〇万人になる。一方、スイス人とくに農民層の国外移民も活発であり、行き先は北米が多かった。一八八一年から一八九〇年にかけて合計九万人が国外移民となっている。なおこの時代には、スイス内部でも農村から都市への人口の移動が起きた。チューリヒの人口は一八五〇年には一万七〇〇〇人であったが、第一次大戦前夜には一九万人になる。ジュネーヴやローザンヌ、ザンクト・ガレン、ビール、ルツェルンなども人口を増やした。観光業が栄えたダヴォスやモントルーも同じである。

＋労働問題

工業発展は労働問題を深刻化させ、結核やアルコール依存症も社会問題となった。労働立法・社会立法は遅れていたが、一二時間労働制や夜間労働の禁止を定めたグラールスの例（一八六四年）にならい、一八七七年に連邦の工場法が国民投票を僅差で通過し、一一時間労働制（一週六五時間）、一四歳未満の子どもの労働の禁止、女性および若年層の夜間労働・日曜労働の禁止などが定められた。しかし社会保険の義務化は国民投票で否決されつづけ、疾病に関しては一九一四年、労災に関しては一九一八年まで実現しなかった。

スイスの労働者の団結は、一八三八年にジュネーヴで創設されたグリュトリ協会に始まる。当初それは手工業者層の愛国的な互助団体であり、学習や余暇活動に力を入れていたが、やがて労働者層が増えて闘争的性格を強める。自由主義陣営の急進派と民主派も労働者を支援したが、その運動に統一性はなかった。一九世紀後半にはドイツやイタリア出身の戦闘的な労働者が増え、国際労働者協会すなわち第一インターナショナル（一八六四年結成）の影響もあって各地に労働組合が結成され、一八八〇年にはスイス労働組合総同盟が生まれた。その構成員の半数は外国人であり、一八八八年に組織を整えたスイス社会民主党（ＳＰ）も同じ性格をもっていた。なお同党はフランス語圏やイタリア語圏では社会党（ＰＳ）と称した。同党はマルクス主義的な階級闘争を展開し、生産手段の社会化を求めた。一八七〇年代以降は不況も影響して建設部門を中心にストが頻発し、鎮圧には軍隊も

▲**バーゼルの化学工場**　ガイギー社の工場を描いた1910年のリソグラフ。同社は1939年に殺虫剤DDTを開発して世界的に有名になる。チバ社との合併は1971年。

▼**スイス博覧会の機械館（ジュネーヴ・1896年）**　工業機械の数々を展示したのはエッシャー・ウィス社やエリコン社などである。

動員された。一八八〇年から一九一四年までにスイスでは二四一六件ものストが起きている。なおジュラ地方の時計工たちのもとでは共同体主義的なアナーキズムが広まっていった。

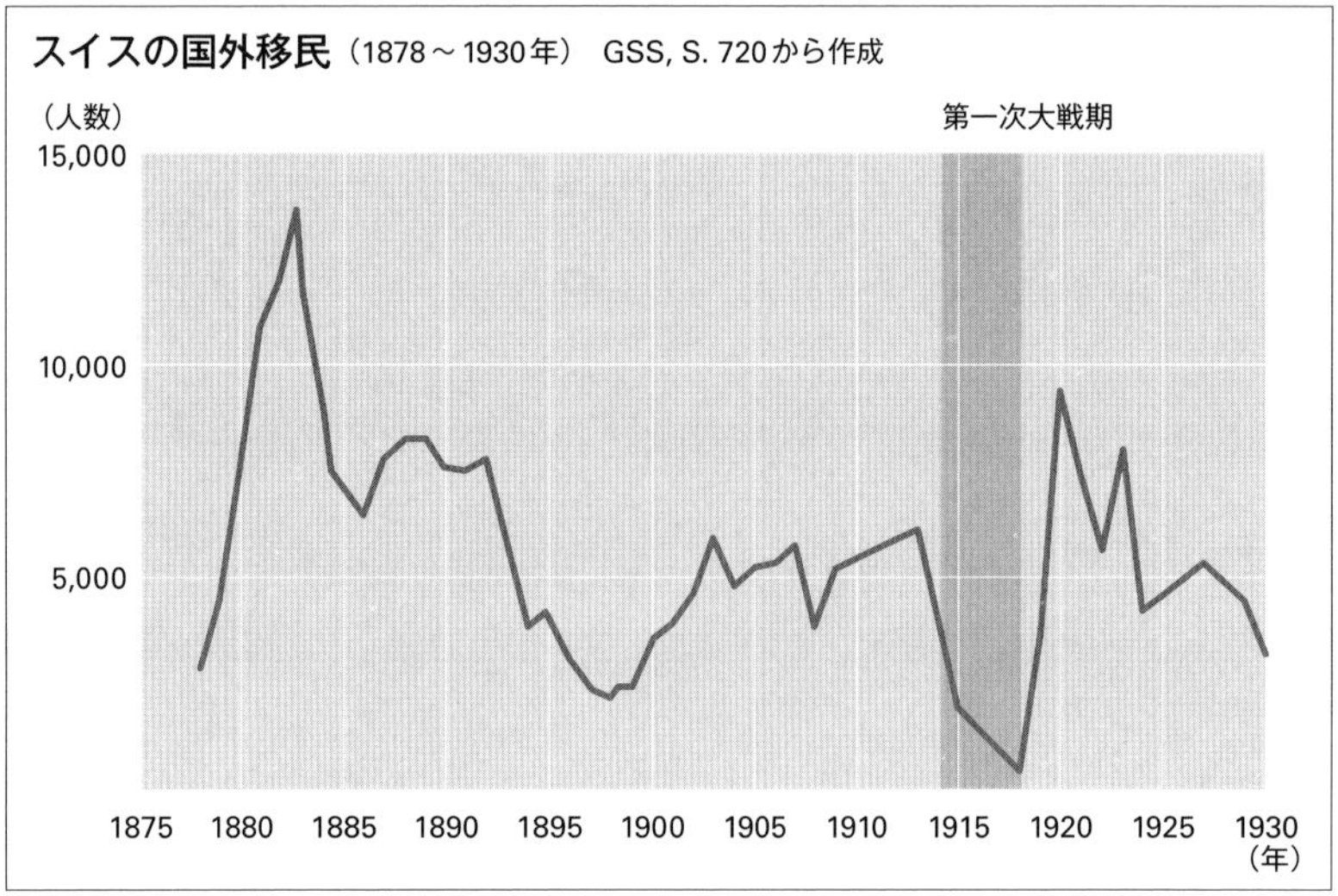

▲1870年代末から80年代に国外移民が急増したのは大不況の影響である。

▼**1900年頃のチューリヒ駅前広場**　高台に連邦立のチューリヒ工科校がみえる。

▲英語の観光ポスター（19世紀末）　おもなターゲットはイギリス人であった。

✚女性運動

一九世紀のスイス人は、軍役と参政権を結びつける前近代的な観念にとらわれており、女性の政治参加は論外であった。しかし、運動が不在であったわけではない。その先駆者はジュネーヴのマリ・ゲッグ＝プシュランである。参政権は実現しなかったが、彼女たちの請願でジュネーヴ大学が一八七二年に女子学生を入学させるなど、社会参加の可能性は徐々に広がっていった。

一九〇〇年には各種の女性団体の協力組織としてスイス女性協会連盟が誕生する。チューリヒでは一八八〇年代後半からメータ・フォン・ザーリスがジャーナリストとして活動し、女性も課税される以上、参政権をもつのは当然であると主張した。こうした先駆的な活動は、スイス女性参政権同盟（一九〇九年）などの運動体に受け継がれる。なお、社会民主党は一九〇四年に女性参政権の要求を党綱領に掲げており、その要求は先進的であった。

✚スイスのユダヤ人

スイスのユダヤ人は、一三世紀末から一四世紀の大迫害、一五世紀末以降の新たな追放政策のせいで安住の地を失っていたが、かつての共同支配地バーデン（近現代のカントン・アールガウ）のズルプタール地方では例外的に寛容の対象となっていた（居住地はエンディンゲンとレングナウの二つの共同体に限られていた）。アールガウでは一九世紀後半に解放運動が起きるが、自由主義者たちにも差別意識が強く、実現しなかった。

そうしたなか連邦政府は、すでにユダヤ人の法的差別を撤廃していたフランスなどの圧力を受け、一八五六年から選挙権や司法上の平等化を進め、一八六六年の憲法部分改正によって移転の自由を承認し、一八七四年の新憲法では礼拝の自由を認める。ただし偏見と差別は残り、一八九三年にはユダヤ教式の畜殺の禁止を求めるイニシアティヴが国民投票で可決されている。ユダヤ人の数は一八五〇年に三〇〇〇人、一八八八年に八〇〇〇人、一九〇〇年に一万二〇〇〇人、一九一〇年に一万八五〇〇人と増加していたが、その背景にはドイツ、オーストリア、ロシアなどからの亡命者の存在があった。増えていたのは東方ユダヤ人

（アシュケナジーム）である。なおユダヤ人のなかには農業や工場労働に従事する者もいれば、バーゼルやジュネーヴ、チューリヒなどに定着して繊維工業、時計工業、商業、銀行業で成功する者もいた。

✚合意民主主義とスイス文化

一八九〇年、社会民主党が国民議会に初議席を獲得すると、ブルジョワ勢力は危機感を抱いた。そうしたなか、伝統的なリベラル派、急進派、民主派に分かれていた自由主義者たちは団結し、一八九四年に自由民主党（ＦＤＰ）を結成する。ただし同党の名称は地方によって異なり、たとえばフランス語圏では急進民主党（ＰＲＤ）である。なお民主派の一部は一九〇五年に東部スイスを中心に民主党を結成し、社会政策の充実を訴え、階級闘争を否定しながらも社会民主党との対話を求めた。一九一三年には西部のフランス語圏やバーゼルで自由民主党内の左派勢力が独自の動きをみせ、自由党（ＬＰ）が結成された。この小政党の立場は分権主義的であった。大政党である自由民主党に対抗する保守派は、一八九四年にカトリック人民党をつくった。この政党はたびたび名称を変えており、その一部を記せば、一九一二年からは保守人民党（ＫＶＰ）、一九七〇年からはキリスト教民主人民党（ＣＶＰ）である。

スイスの政治は、当初は多数決型であった。一八九〇年を例にとれば、国民議会議員一四七人のうち七四人を占めた自由主義急進派（のちの自由民主党）が閣僚ポストを独占していた。しかし、レファレンダムとイニシアティヴゆえに政局は不安定であった。なぜなら、野党勢力が国民投票によって政府の法律案をしばしば否決したからである。与党は協力者を求め、一八九一年、カトリック保守派（のちのカトリック人民党）の指導者ヨーゼフ・ツェンプを内閣に迎えた。それは二〇世紀に完成する多極共存型の「合意民主主義」の端緒である。共通の敵は階級闘争を展開する社会民主党であり、共有財産はスイス愛国主義であった。

◀エンディンゲンのシナゴーグ　ユダヤ人居住地に一七六四年に建てられた。その後一八五二年に新築されて今日にいたる。

プロテスタントの歴史家ヨハネス・ディーラウアーや法学者カール・ヒルティなどがアルプス世界を「自由」の誕生地として讃えたことも、カトリック保守派と自由主義者の宥和を助けた。やはりプロテスタントであったヨハンナ・シュピリが書いた『ハイジ』も同じ役割を果たした。ゴットフリート・ケラーの小説も読み継がれ、ベックリーンやアンカー、ホドラーのスイスを題材にした絵画も人々の心をつかんだ。他方、ル・コルビュジエのモダニズム建築は、故郷ラ・ショー・ド・フォンは別として、同時代のスイスでは無視された。

当時のスイスにおいては、フランス語圏でもドイツ語圏でも伝統回帰の傾向が強く、「ドイツ化」や「フランス化」に抵抗する方言文学も栄えていた。フリブールのゴンザグ・ド・レイノルドはドイツ語圏の保守派に劣らないスイス賛歌と権威主義的な政治論を説いたが、その背景には言語を超えた知識人の交流があった。しかし四言語の

▲アルベルト・アンカーの静物画（1896年）食卓のチーズ、ジャガイモ、パン、ミルク、コーヒー。当時のスイス農民の日常が目に浮かぶ。

スイスに「国民文化」はあるのか、という問いには明確な答えはなかった。そうしたなかヒルティは、一八七五年の著作のなかで、言語や民族性より歴史を共有する意思が国民をつくると述べ、「意思の国民」論を展開した。そして一般のスイス人は、一八八三年にチューリヒ、九六年にジュネーヴ、一九一四年にベルンで開かれたスイス博覧会を訪れて、アルプスの雄大な自然が個々の小地域で育んだ「ふるさと文化」の共通性を感じ、連邦軍の展示館で武装中立の統一的意思を確認することができた。一九世紀末以降に「国技」となった伝統球技ホルヌッセン、石投げ、スイス相撲も「スイスらしさ」の自覚を促した。

✚連邦の役割

連邦は一八七四年憲法で認められた立法権を基礎として、前述の工場法だけでなく債権法、債務法、手形法、民法の統一を図り、公衆衛生や営林、水利の監督の強化も進めた。一九〇五年には、一元的に紙幣を発行し、通貨政策を行うスイス国立銀行（SNB）が誕生し、一九〇七年に業務を開始した。また、一八七四年の兵制改革ではカントン部隊が廃止され、晴れて二一万五〇〇〇人の「連邦軍」が生まれた。しかし教育の分野では分権派が勝利を収め、一八八二年、連邦に教育担当官をおく計画も「学校代官」と批判されて挫折し、多種多様なカントン別の教育制度が現代まで維持される（ただし二一世紀に統一化の流れが強まる）。なお徴税権の大半はカントンにあり、連邦の財源は関税収入やアルコール専売収入などに限られていたため、カントン主権は安泰であった。一九世紀半ばまでカントン間には「時差」さえあった。西のジュネーヴと東のミュスタイア渓谷には一八分の差があったのである。その中間のベルン時間で統一できたのは一八五三年である。

◀フェルディナント・ホドラーのヴィルヘルム・テル（一八九六、九七年）　ホドラーは世紀末の象徴主義の画家であるが、スイス的な題材を独得なタッチで描いたことでも有名である。

◀ル・コルビュジエの建築作品　ラ・ショー・ド・フォンにある邸宅ヴィラ・テュルク。一九一七年完成（写真＝スイス政府観光局）。

国際外交の舞台

スイスの中立は孤立と同義ではなく、国際協調は一九世紀から国是であった。多くの国際機関がスイスにおかれたのは、中立国の平和な環境が好まれたからだけでなく、スイス側の努力にもよっていた。首都ベルンは万国電信連合（一八六五年）や万国郵便連合（一八七四年）の本拠地となり、ジュネーヴは赤十字国際委員会の本部所在地となった（なお万国電信連合は一九四八年にベルンからジュネーヴに本拠を移した）。イタリア統一戦争中の悲惨な戦場を描いた『ソルフェリーノの思い出』（一八六二年）を出版して赤十字の生みの親となったアンリ・デュナンはジュネーヴの銀行家である。

当時スイスは近隣諸国との友好関係に意を払っていたが、ときには不幸な事態も起こった。とくに隣接諸国から入国する社会主義者たちは頭痛の種であり、ドイツやイタリアとも摩擦が生じていた。オーストリア皇妃エリーザベトがレマン湖畔のホテル・ボー・リヴァージュ前でイタリア人アナーキストに刺殺された事件（一八九八年）も衝撃的であった。

しかしそれでもスイスは国際的な評価を失わず、スイスの大学にはドイツからもロシアからも学生が集まった。またレマン湖畔だけでなく中央スイス各地、インターラーケン、ツェルマット、サン・モーリッツなどにも観光客が絶えなかった。一九世紀後半にはリッツおよびカールトンの創始者セザール・リッツのような優れたホテル経営者も出た。一九世紀に観光化が進み、トーマス・マンの『魔の山』（一九二四年）で有名になったグラウビュンデンのダヴォスなども、やがて国際会議の舞台になる。なお現在この地で年次総会を行っている世界経済フォーラムの本部はジュネーヴにある。ティチーノの古都ロカルノも、二〇世紀前半からは国際会議の場として、そして半ばからは国際映画祭の開催地として世界中に知られるようになる。ローザンヌもまた、一八九四年から国際オリンピック協会の本部所在地として世界中に知られ、国際会議の場ともなり、一九七三年からは国際バレエコンクールの開催地となっている。

▶皇妃エリーザベト　一六歳でオーストリア皇帝フランツ・ヨーゼフ一世の花嫁となる前年に描かれた肖像画（一八五三年）。

◀モントルー近郊のグランド・ホテル・ド・コー　エリーザベトはロートシルト男爵夫人の招待を受け、ここからホテル・ボー・リヴァージュに出かけ、帰り道で襲われた（一八九八年九月一〇日）。享年六〇歳。

第一次大戦後スイスはヴェルサイユ条約で中立の承認を受けたが、それを部分的に制限してまで国際連盟に加盟し、その本部をジュネーヴに誘致した。第二次大戦後は中立原則への抵触を理由に国際連合には加盟しないが、国連ヨーロッパ本部と関連諸機関をジュネーヴにおき、国際外交の場を提供しつづけた。フランス語で「諸国民の殿堂」を意味する旧国際連盟本部の建物、パレ・デ・ナシオンは、今でも国際連合ヨーロッパ本部として現役である。二〇〇二年の国連加盟によってジュネーヴの重要性はますます高まっている。現在この都市には三万人以上の外交官や国際公務員が暮らしている。このようにスイスは、三世紀にまたがって国際外交の場でありつづけている。

▲ジュネーヴの米ソ首脳会談（一九八五年一一月）レーガンとゴルバチョフはこの年にはじめて握手を交わし、冷戦終結に向かって歩みはじめた。

▼ダヴォス　グラウビュンデンの深い谷にありながら、夏も冬もリゾート客と国際会議の訪問者でにぎわう（写真＝スイス政府観光局）。

第五章 世界大戦と現代のスイス

1 二〇世紀初頭

✚第一次大戦

一九一四年の建国記念日、連邦内閣は二二万人の兵士たちに動員をかけ、議会はチューリヒのウルリヒ・ヴィレ将軍（ドイツ生まれでヌシャテルの旧家の末裔）を最高司令官に選んだ。目的は第一次大戦の勃発に伴う国土防衛である。スイス人は四年間にわたって国境警備にいそしんだが、国内には不協和音もあった。ヴィレ将軍はヴィルヘルム二世とも交流のある親ドイツ派であったからである。とくにフランス語圏の人々にとって、ヴィレの起用はスイスの中立を脅かす人事にみえた。当時フランス語圏とドイツ語圏の溝は「塹壕」にたとえられていた。連邦政府は、侵略を防ぐためにもドイツへの配慮は欠かせないと考えており、スイスの参謀本部にはドイツに情報を流している者がいるともいわれていた。いずれにしても、中立国スイスとの国境線の安全を確かめたドイツは、北に軍隊を進め、別の中立国すなわちベルギーを侵略する。

◀第一次世界大戦期のスイス連邦軍　ヴィレ将軍によるプロイセン式の訓練で鍛えあげられていた。

◀貧困層の子どもたち　石炭の燃え残りをバケツにひろい集めている。チューリヒのジール川岸（一九一八年）。

これに対してスイスは公的な声明を何も発しなかった。しかし、連邦内閣も一枚岩ではなかった。一九一八年に内務長官、一九一九年に大統領になったジュネーヴ出身のギュスタヴ・アドル（自由党）は協商国（イギリス・フランス・ロシア）の側に傾いており、彼は一九年の初めにパリを二回訪れ、休戦交渉に関与した。戦後、スイスの中立の再確認、ジュネーヴへの国際連盟本部の誘致が成功したのはアドルの尽力による。連邦閣僚になる前、彼は赤十字国際委員会の総裁であった。

大戦中、スイスは協商国とも同盟国（ドイツ・オーストリアなどの側）とも貿易を行い、食料、石炭その他の原材料を輸入し、機械、時計、化学製品などを輸出したが、そこには弾薬やアルミニウム、セメントなどの軍需物資も含まれていた。交戦諸国は、敵国に対する経済封鎖の抜け道になりうるスイスの貿易を監視したが、それでも輸出額は戦前を超え、業界によっては戦時利得が生まれた。ただし輸入は減り、燃料や食料、衣料の価格や家賃が上昇し、物価は一九一四年と一九年を比較すると二・三倍に

なった。とくに都市生活者は生活苦に陥った。平均五〇〇日に及ぶ第一次大戦中の国境警備のための兵役も影響を及ぼしており、四二〇〇人の兵士が事故や病気で死亡し、家族のもとに帰れなかった。なお、農民層は戦争特需と農産物価格の上昇ゆえに利益を得たといわれる。

一九一八年のゼネスト

第一次大戦期の社会的矛盾は社会民主党を勢いづけた。同党の指導者の一人、ロベルト・グリムは一九一五年九月、ベルンのツィンマーヴァルトで開いた集会に諸外国の社会主義者を招いたが、そこにはレーニンやトロツキーもいた。一七年の党大会において社会民主党は連邦政府の国土防衛政策を批判し、対立姿勢を強めた。レーニンはその年チューリヒを列車で発ち、革命の渦中のロシアに帰った。その翌年スイスではゼネストが起きる。グリムの指導する行動委員会（オルテン委員会）がその司令塔であった。スト勢力は政府の経済政策を批判し、物価の抑制や賃金の引き上げを求めた。また彼らは、比例代表制による国民議会選挙の実施、女性参政権、勤労の義務、四八時間労働制、軍隊の改革、食糧供給の安定化、老齢・傷病保険制度、国家による貿易の独占、財産税の導入による財政再建の九項目を要求として掲げた。また社会民主党は、一一月七日にチューリヒでロシア革命一周年記念集会を企画した。その頃ドイツでは、一一月三日のキール軍港の水兵反乱ののち、友党が革命に成功して共和国を誕生させていた。

一九一八年のスイスのゼネストには二五万人が参加し、連邦政府はその鎮圧のために軍隊を投入した。実際の衝突は少なかったが、兵士一名とデモ参加者三名が死亡した。鎮圧部隊は農村から動員されており、ブルジョワ層の政府と農村の戦時利得者たちが都市の労働者を弾圧する構図が生まれ、

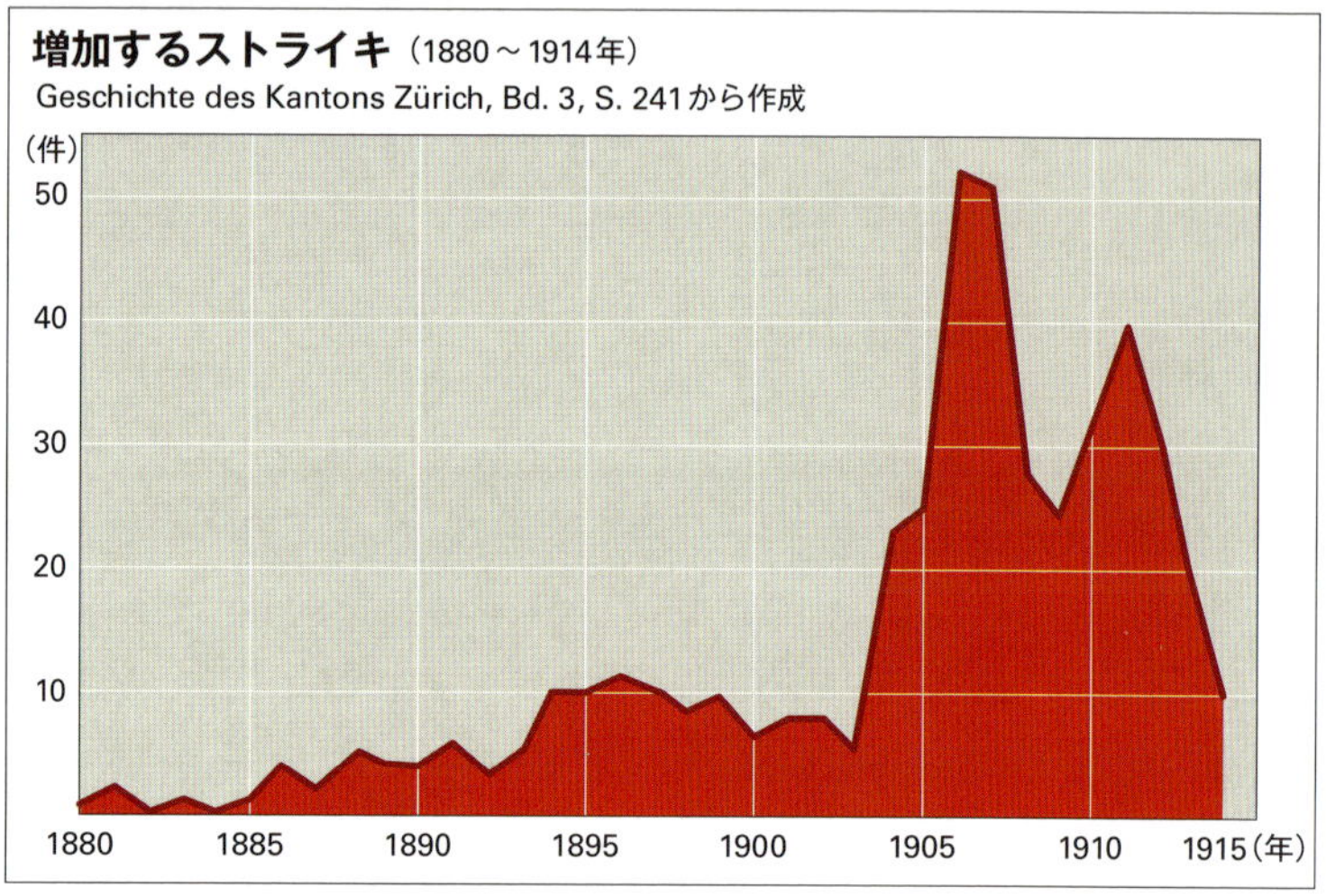

Geschichte des Kantons Zürich, Bd. 3, S. 241から作成

▶二〇世紀にストが急増した背景は、社会主義勢力の伸長と労働運動の高揚である。

スイス社会には深い亀裂が入った。流行中のスペイン風邪も混乱の要因となった。このインフルエンザは二万人以上の人命を奪うが、三〇〇〇人の兵士もその犠牲者であった。

結局このゼネストは失敗に終わり、グリムらは逮捕されたが、現実的には彼らの要求の一部は実現しつつあった。すでに述べ

▶オルテン委員会　労働組合幹部と社会民主党の指導者たちが構成していた。

たように一八七七年の工場法で一週六五時間と定められていた労働時間は、一九一七年に五九時間に、一九年に四九時間に短縮された。また大政党に有利な小選挙区制を小政党にも当選の可能性を与える比例代表制に変更する改革は、一八九一年のティチーノを皮切りに多くの地方議会で実現しており、一九一八年一〇月には国民発議によって連邦の国民議会選挙にも適用することが決まっていた。ただしそれはゼネスト前のことであり、スト勢力が求めたのはその速やかな実施である。社会保険制度の充実については、一九二五年、自由主義勢力の一部も賛成して発議が行われ、国民投票を通過し、連邦には老齢遺族年金保険（AHV）を導入する義務があると憲法（第三四条）に明記された。ただしその導入は一九四七年のことである。

＋一九一九年の政界再編

一九一九年一〇月、比例代表制による国民議会選挙が行われ、政界に大きな変化が起こった。自由民主党の優位が崩れ、一八九議席中一〇一から六〇に激減したのである。保守人民党は従来と変わらず四一議席であった。一方、社会民主党は二〇から四一に議席を倍増させた。さらに大きな変化は、一九一八年にベルンを地盤として結成された農工市民党（BGB）が三〇議席を得たことである。自由主義者の小政党である自由民党は九議席、民主党は四議席にとどまった（以上の数字は連邦政府の公式統計による）。農工市民党の主力はプロテスタント地域の保守的な農民層であり、彼らは企業家層に反感をもち、政府に保護主義的

な農業政策（価格と生産の維持）を求めていた。そのため、消費者保護の立場で農産物の輸入促進と価格の抑制をめざす社会民主党とは対立関係にあった。

自由民主党は選挙後、政権基盤の強化のために保守人民党に第二の閣僚ポストを譲る。他方、社会民主党はその後も成長を続け、一九二八年には五〇議席を得て第二党となり、当然のこととして閣僚ポストを要求した。しかし自由民主党は一九二九年、第四党の農工市民党（三一議席）に一ポストを与え、ベルン出身の同党の指導者ルドルフ・ミンガーを入閣させた。こうして連邦内閣における多極共存型の「自発的比例制」が定着するが、それは明らかに反左翼のブルジョワ・ブロックであった。

◀一九一八年のゼネスト　鎮圧に向かう軍隊（バーゼル）。

▶比例代表制導入賛成のポスター　一九一八年一〇月二三日の国民投票に向けて賛成派がつくったもの。左は大政党だけが議席（ソーセージ）を独占する小選挙区制。右は複数の政党が議席を分け合う比例代表制。

◀ジュゼッペ・モッタ大統領（一八七一～一九四〇年）

✚新しい国際関係

第一次大戦後、スイスは西側諸国と協力を深め、ヴェルサイユ条約では中立の承認を受けた。ただしサヴォワ北部（フランス領）の軍事的中立は廃止され、フリーゾーンだけが残った。またスイスは一九二〇年、ウィルソン米大統領の提案に賛同するティチーノ出身のジュゼッペ・モッタ大統領（保守人民党）のもとで国際連盟に加盟した。ただし国民投票では加盟に対する賛成票が僅差で反対票を上まわったにすぎない。国際連盟はドイツを排除した戦勝国の道具であるとの批判が強く、ソ連の未加盟も社会民主党を加盟反対に追いやる原因となっていた。ただし同党はコミンテルン（第三インターナショナル）には参加せず、一九二一年に共産党の分離を招いた。なお連盟加盟の際にスイスは、軍事制裁への不参加を認められたが、経済制裁には加わる義務を

▲リヒテンシュタイン侯の居城　一二世紀にさかのぼる首都ファドゥーツの城。現在も侯家の仕まいである（写真＝スイス政府観光局）。

◀国際連盟の初会合（一九二〇年）

負った。それは従来の「絶対中立」政策の転換を意味し、新しい政策は「制限中立」と呼ばれた。

　第一次大戦後、スイス周辺国の国境が引き直された。アルザスは再度フランス領と

なり、ドイツ国境が東に移ったため、ジュラ北部は交通の要衝の役割を失う。オーストリア・ハンガリー帝国の解体もスイスに影響を与えた。スイスに隣接する旧帝国領のフォアアルルベルク地方ではスイスへの帰属（カントン化）を求める住民投票が行われ、圧倒的多数の賛成を得たが、スイス側には賛否両論があり、受け入れは実現しなかった。人口二〇万のカトリック・カントンの誕生は連邦のバランスを崩すからである。結局フォアアルルベルクはオーストリア領になった。他方リヒテンシュタイン侯国は、一九二一年以降、協定によって関税と通貨制度をスイスに合わせ、外交権や郵便事業もスイスに委ねた。その政体は立憲君主政であり、スイスに似た国民投票や国民発議の制度を導入するものの、君主には拒否権が認められた。

✚外国人問題

戦間期のスイスは、国際連盟の拠点にして複数の言語集団が共存する国として諸外国に注目されたが、その社会には独特の閉鎖性もみられた。外国人の数は大戦勃発後に減少に転じたが、それでも一九二〇年の段階で四〇万人おり、人口の約一〇パーセントを占めていた（一九四一年には五パーセント）。連邦政府は二〇世紀初頭から外

▶サン・モーリッツ冬季オリンピック（一九二八年）　この大会には世界二五カ国から選手団が集まり、スイスの国際性をいっそう印象づけた。

国人を減らすために帰化推進政策をとり、連邦市民権法を改正して、出生地主義によって外国人二世に市民権を与える権限をカントンに認める（一九〇三年）。大戦中には「外国人の過剰」という言葉が官庁用語になっていた。しかし各地のゲマインデ（市町村）は救貧義務の対象になる市民数の増加を警戒しており、諸カントンは結局連邦の提案に背を向ける。ゲマインデとは無関係の「スイス国籍」も検討されたが、実現は難しく、ゲマインデとカントンの市民権が「スイス市民権」の条件となる体制が保たれ、現在にいたる。なお一八七四年憲法の段階で「旧市民共同体」の特権は廃止され、旧居留民を含む「住民共同体」が市民権・自治行政・参政権の基礎となっていたが、「旧市民共同体」は随所で民間の団体として存続し、スイス社会の保守性の背景をなした。

第一次大戦後、連邦は外国人の流入を食い止めるために露骨な政策をとった。一九一九年に外国人警察中央統括局が設けられ、一九二五年以降には外国人の滞在・定住許可に関する最終決定権がカントンから連邦に移された。外国人の滞在・定住に関する連邦法（一九三一年）には、「望ましからざる外国人」の入国を禁じる権限を連邦官庁に与えると明記されていた。「望ましからざる外国人」の代表例は、スイス的環境に同化しない共産主義者や東方ユダヤ人であった。さらに連邦の入国管理文書のなかには人種論的な選別を求めたものもある。健全なる「アルプス人種」（ホモ・アルピヌス）といった表現を使う自然科学者もいた時代である。

2　第二次大戦前後

✚世界恐慌

スイス経済は一九二四年から好転し、年間四パーセントも成長した。繊維産業は後退したが、電気機械工業、金属加工業、化学工業、建設業は高い伸びを示した。その後、世界恐慌の影響がスイスに及ぶのは一九三一年頃からである。一九二九年の失業率は〇・四パーセント（八〇〇〇人）、一九三六年は四・八パーセント（九万三〇〇〇人）となった。ただし一九三〇年代前半に三〇パーセントを超えたドイツに比べれば率は低い。ヨーロッパ諸国が保護主義に傾き、金本位制を停止するなか、スイスは中立国として周辺諸国と自由な貿易を行い、金本位制も維持することができた。諸外国の政府はスイスフランを購入し、財政の安定化と輸入貿易に利用した。こうしてスイスは国際金融の舞台となり、銀行法（一九三四年）に明記された守秘義務ゆえに外国の資産家や権力者も安心してスイスの銀行を使うことができた。なおスイス政府はデフレ政策をとり、物価上昇を抑えようとした。しかし一九三六年にスイスフランが切り下げられると、輸出産業の競争力は高まったものの、輸入依存度の高い食料価格が上昇し、国民は不満をもった。ただし景気は次第に回復していった。

＋諸戦線の春

危機のなかで力を増したのは左右両極の政治勢力である。バーゼルやシャフハウゼンでは共産党が力を伸ばした一方、ヴォーではファシズムの影響を受けた「秩序と伝統」の運動が活発化した（一九三三年からヴォー連盟）。彼らは職業団体、自治体、教会などの代表者が社会秩序を担うコーポラティズムを説いたが、その指導者マルセル・レガメは反セム主義的な思想の持ち主でもあった。ジュネーヴにも「国民同盟」という右翼団体が生まれた。一九三二年、彼らの挑発を受けた社会民主党が対抗デモを行うが、連邦政府は軍隊を出動させてそれを鎮圧し、一三名の死者を出した。政府はファシズムより社会主義を敵視していたのである。

一九三三年のヒトラーの権力掌握後にはナチスを模倣する諸団体も生まれ、いわゆる「諸戦線の春」をもたらす。代表例は「国民戦線」である。その指導者ロルフ・ヘンネは一九三七年にニュルンベルクを訪問し、ナチスの党大会に参加している。右翼諸団体は国民発議を起こし、権威主義的な体制を実現するための憲法改正を求めた。国民投票（一九三五年）の結果は否決であったが、投票者の二八パーセントおよび三カントンが賛成し、彼らの底力を示していた。

＋多極化と国民的宥和

戦間期には別の政治勢力も出現した。一九二五年、チューリヒ出身のゴットリープ・ドゥットヴァイラーが協同組合企業（ミグロ）をたちあげ、「社会的資本」の理念を多くのスイス人に認知させたが、彼は一九三五年に国民議会議員に当選し、政界にも進出した（ミグロはまず株式会社として成立し、一九四一年に純粋な協同組合となった）。さらに彼を中心とする「無所属同盟」の六人の同志も同時に当選している。

この時期には労働組合、職員団体、農民団体（農工市民党支持者）の協力関係も深まった。彼らは一九三五年、連邦政府にケインズ主義的な景気対策、賃金保障、価格安定策を求める「危機イニシアティヴ」を提起した。これは国民投票で否決されるが、運動家たちは勤労者と失業者を助ける総合的政策を新たに記した「経済再建と民主主義の維持のための指針」を作成し、活動を続行した。自由民主党はこの「指針」に否定的であったが、社会民主党は支持した。同党はスイス的政治システムに歩み寄る姿勢を示し、一九三五年の党大会においてプロレタリア独裁の目標を綱領から削除し、国土防衛にも協力する立場をとっていた。その結果、与党勢力との対話が実現し、一九三八年には、かつてゼネストを指導して投獄されたグリムが連邦内閣に迎えられた。こうして戦後まで続く四大政党の合意民主主義体制が固まり、国民的な宥和が進む。一九三七年には金属工業と時計工業において労使間協定が結ばれ、ストとロックアウトの応酬ではなく連邦の仲裁によって問題

▶極右勢力のポスター　上は「国民戦線」。下はこの団体から分かれた「国民同盟」。別名「国民社会主義スイス労働者党」。その旗の図案はスイス十字にハーケンクロイツを重ねたもので、左端のもうひとつのハーケンクロイツの下には「ユダヤ人は不幸をもたらす」と記されている。

を解決する道が開かれた。なおスイスでは左右を問わずコーポラティズムの理念が好まれ、政府主導のカルテルも存在していた。

✚第二次大戦と精神的国土防衛

連邦政府は全体主義に同調せず、ナチスの活動も外国の政治団体にあたるとして禁止していた。一九三五年にはナチスを批判するバーゼルのユダヤ系ジャーナリストがゲシュタポに連行される事件が起きたが、連邦政府はその奪還に成功した。しかしスイスはファシズム諸国と国際連盟の板挟みになっており、外交的には慎重であった。スイスは一九三六年にイタリアのエチオピア侵略を、三八年にドイツのオーストリア併合を承認し、対立を避け、国際連盟の制裁行動にはいっさい参加しない「絶対中立」の立場に戻った。ドイツとイタリアは、このスイスの姿勢を高く評価した。なおスペイン内戦で人民戦線に味方したスイスの義勇兵三七五人は、「傭兵禁止」の国法を破ったとして訴追を受けた。

当時の大統領ヨハネス・バウマンは、一九三八年、スイスは国際紛争に関係しないと述べる一方、祖国防衛の準備を呼びかけた。軍事はルドルフ・ミンガー、戦時経済はヘルマン・オブレヒトが担当閣僚となった。議会では諸政党の議員が異口同音に、言語や宗派や政党の違いを超えて団結し、最後の血の一滴まで捧げて祖国を防衛しようと訴えた。「精神的国土防衛」の始まりである。スイスは世界の「特殊例」であることが強調され、スイス最大の個性は単一民族的な国家主義とは正反対の「多様性」にあるとされた。そうした気運が高まるなかで、一九三八年にはグラウビュンデンのロマンシュ語が、話者は国民の一パーセントでありながら、スイスの国語の一つと宣言された（一九九六年にはロマンシュ語の話者とのコミュニケーションに際してはロマンシュ語も公用語であるとの文言が憲法に書き込まれた）。一九三九年にはチューリヒでスイス博覧会が開かれ、守るべき郷土文化が紹介され、一〇〇〇万人が訪れた。当時の人口は四三〇万であるから、何度も通う人がいたのであろう。

　ところで、当時の内務長官フィリップ・エッター（保守人民党）は、言語集団の協働こそヨーロッパ的理念に対するスイスの貢献であると論じており、スイス特殊論は必ずしも孤立主義ではなかった。ただしエッターの助言者ゴンザグ・ド・レイノルドは、欧米流の政党政治や立憲国家ではなく「民」がじかに支えるアルプス的・キリスト教的な「盟約者団」の伝統を守るべきであると説いていた。一方、一九四〇年に誕生した文化団体、ゴットハルト同盟は、ス

▲ミグロの移動販売車　フォードのトラック五台を使って消費者のもとに低価格の食料品や日用品を届けた。

▲「危機イニシアティヴ」賛成を呼びかける社会民主党のポスター（一九三五年）

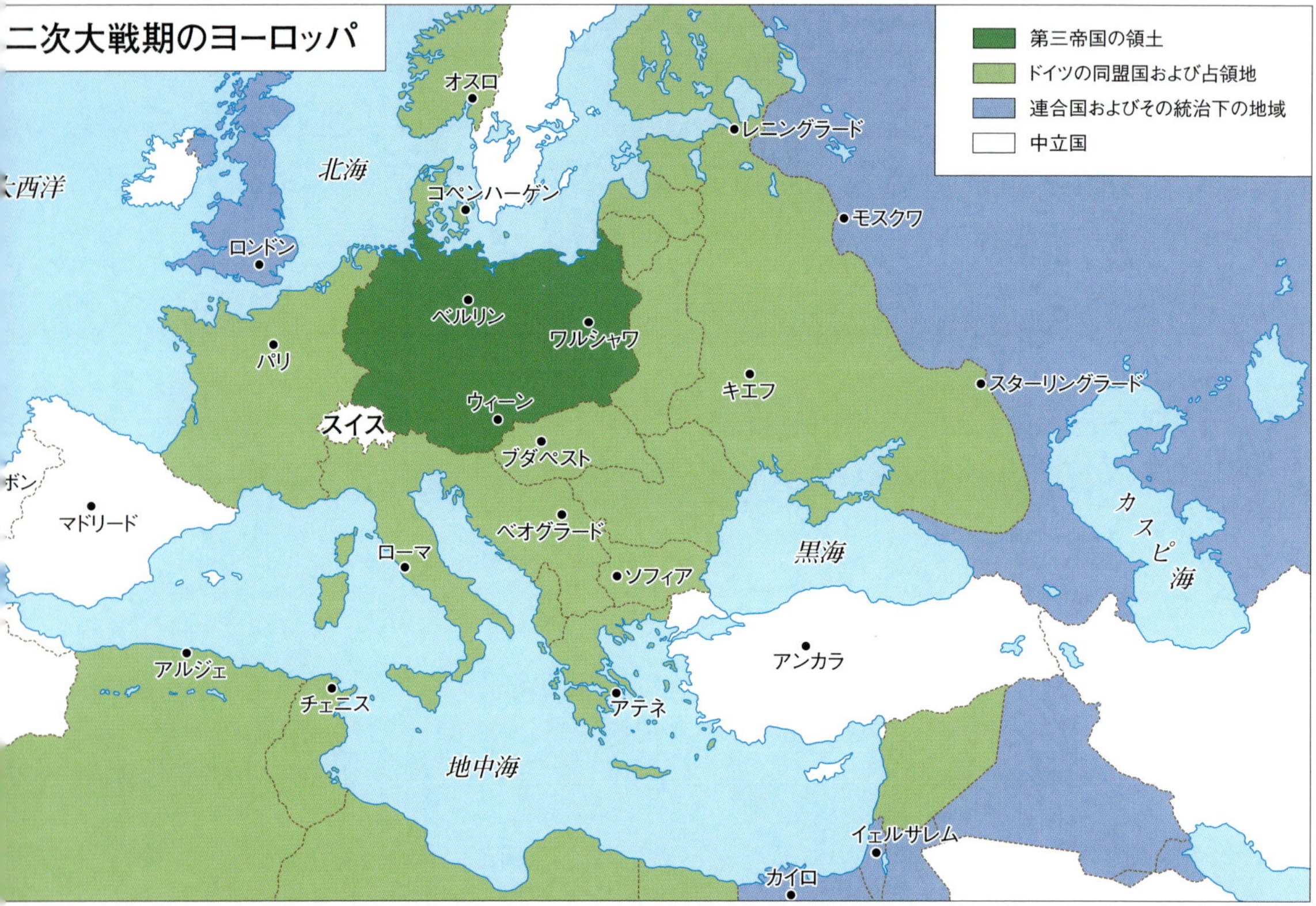

▶一九三九年のスイス博覧会（ランディ） 郷土文化の多様性とともに連邦国家の統合の側面が強調され、色とりどりのゲマインデ（自治体）の旗が飾られた入口通路の終点にはスイス国旗が掲揚されていた。

◀スイスは文字通り四方をドイツとその同盟国、被占領国に囲まれていた。

イスの独立を脅かすナチスを批判しつつ、ユダヤ人とフリーメーソンは入会させない方針をとった。スイス人は何を守り、何を退けるべきか。またヨーロッパと世界に対していかなる態度をとるべきか。そうした問いに共通の答えはなかった。当面の目標は、独立と中立を守ることであった。

✚総動員時代

ドイツ軍のポーランド侵攻の直後、一九三九年九月一日にスイスでは総動員態勢がとられ、四三万人の兵士が任務についた。二万人の女性たちも補助的任務を担った。そして議会はヴォー出身のアンリ・ギザン将軍を総司令官に選んだ。彼の立場は権威主義的であり、政党政治にも懐疑的であったが、前述のように第一次大戦中には親ドイツ派のヴィレ将軍がスイス国内の対立を招いたこともあり、フランス語圏の軍人の起用は歓迎された。連邦政府は兵士の収入を補償する予算を組み、戦時特別税を導入し、穀物増産と食料価格の統制を図った。

▲アンリ・ギザン将軍　一九三九年八月三〇日に連邦議会にて総司令官に選出され、宣誓を行った。

しかし軍備は不十分であり、六万頭の軍馬に対して戦車は二四台、戦闘機は四〇機であった。そうした状況のもとで、ドイツ製のメッサーシュミットでドイツ空軍機の領空侵犯に備える皮肉な事態も起きた。なおギザンは一九四〇年にフランス軍と密約を交わし、ドイツがマジノ線を迂回してスイスに侵攻しないようにライン方面の防備を強化してほしいと要請する一方、ドイツにも配慮し、ナチスが求めるスイスの報道管制（検閲）を実施するように連邦政府に要請した。

一九四〇年六月、フランスはドイツの電撃戦に敗れて降伏したが、その際スイスではヴォー出身の大統領兼外相マルセル・ピレ＝ゴラ（自由民主党）が不可解な演説を行い、「新しい状況への順応」と政府への「服従」を説いた。これに対して連邦軍の首脳部は、政府が枢軸国に屈してもレジスタンスを行う決意を固めていた。ギザンは七月二五日、リュトリの草原に将校を集め、ドイツ軍に占領されてもアルプスの砦（レデュイ）に籠城し、山岳地帯の交通を支配（遮断）する作戦を伝えた（リュトリ報告）。すでに砦はゴットハルト、ザルガンス、サン・モーリスに建設中であった。ヒトラーはフランス占領後にギザンの密約を知り、スイス侵攻の「モミの木作戦」をたてるが、実行はひかえた。石炭や工業製品を積んで

▶山岳地帯の防備　アルプスを守る七五ミリ迫撃砲。

▲リュトリ報告　盟約者団結成の伝説の地が選ばれたのは、将校たちに国家存亡の危機を克服する意志を固めさせるためであった。

スイスを通るドイツ・イタリア間の一日四〇本の鉄道輸送を考えれば、スイスの破壊は得策ではなかったからである。

枢軸国との経済関係

スイスはドイツの侵攻を恐れつつも、同国との緊密な経済関係を保っていた。大戦の中期において、スイスの輸出高の三分の二は枢軸国に対するものであった。武器輸出も民間企業による場合は相手が連合国でも枢軸国でも中立違反とはみなされず、弾薬から高射砲（エリコン・ビューレ社）まで多様な軍需品がドイツの手に渡った。精密機械や電気機器も輸出され、ドイツからはあいかわらず原材料や燃料が輸入された。スイス企業の多くは戦前からドイツに支社や子会社をもっており、たとえばネスレ社はドイツのためにコンデンスミルクやネスカフェを販売していた。両国の関係はそもそも緊密だったのである。北の中立国スウェーデンもドイツから原材料や燃料を輸入し、鉄鉱石や木製品をドイツに輸出していた。その鉄鉱石がドイツの総力戦に使われたのは明らかである。スイスもスウェーデンも「特殊」な国として孤高を保ったわけではない。スイスは金融上も第三帝国を支えており、信用あるスイスフランはドイツと非交戦国の貿易に役立てられた。またスイス国立銀行はドイツから一二億スイスフラン相当の金塊を購入したが、そこにはベルギーやオランダの中央銀行からの略奪品も含まれていた。強制収容所から出たアクセサリーや金歯も溶かし込まれていたとされる。なお連合国もスイスの銀行に金塊を売るが、そちらは盗品ではなかった。

ナチズムの影

スイスは一九四二年までにはユダヤ人虐殺の情報を得ていたとされるが、反応は鈍かった。そもそもスイス社会にも根強い反ユダヤ感情があり、連邦政府は査証を持たないユダヤ人難民を追い返していた。一方、ザンクト・ガレンのパウル・グリュニンガーのように、入国許可証を偽造して数百人のユダヤ人を助け、罷免された警察官もいる。

連邦政府は一九三八年、ドイツに対してユダヤ人の旅券に「J」のスタンプを押すことを求めた。戦争中スイスは三〇万人の難民を滞在させ、六万人の児童の疎開先となったが、ユダヤ人の多くは国境で入国を拒否された。その数は二万人を超えるという。一九四二年八月、スイスは国境封鎖を本格化させ、司法警察長官は「救命ボートは満員だ」と述べた。しかしアルベルト・オエリのように「救命ボートはまだ満員ではない。場所があるのに乗せないのは罪深いことだ」と反論する議員もいた。ベルンでは難民の母と呼ばれた救援活動家ゲルトルート・クルツがユダヤ人の救済を訴えた。しかし政府の腰は重く、封鎖の解除は一九四四年の夏である。スイスでは戦後にも理解しにくい出来事が起きた。ブダペストで数万人のユダヤ人を助けた外交官カール・ルッツが一九四九年に職権乱用の責任を問われたのである。彼は没後、二〇〇〇年に国際連合によってユダヤ人救済の功績を讃えられた二一カ国の外交官の一人である。

ナチスに心酔したスイス人の存在も無視できない。それはアルフレート・ツァンダーのような民間の活動家だけではない。スイス人医師団を率いてドイツ軍に同行し、東部戦線を視察したオイゲン・ビルヒャー（農工市民党）のような閣僚もいる。左傾化したジャーナリズムの弾圧や反ファシズムを唱える公務員の追放を連邦政府に要求した親ドイツ派の「二〇〇人請願」（一九四〇年）が戦後明るみに出ると、関係者の一部は公職を退いた。また、ドイツの親衛隊に入ったスイス人の生き残り（五〇〇人）は軍法会議にかけられた。すでに戦時中に一七人が反逆罪（スパイ行為）などで死刑になっていた。総動員世代のスイス人は、独立と中立を守り抜いたことを強調し、ナチスに迎合したスイス人を逸脱者とみなし

▲**国境を越えてくる難民たち**　この写真は検閲によって公開禁止となっていた。

◀**ナチスの運動大会**　チューリヒのハルトトゥルム競技場にて（1942年）。観衆はナチス式の敬礼を行っている。スイス国旗の隣にはハーケンクロイツと日章旗がみえる。

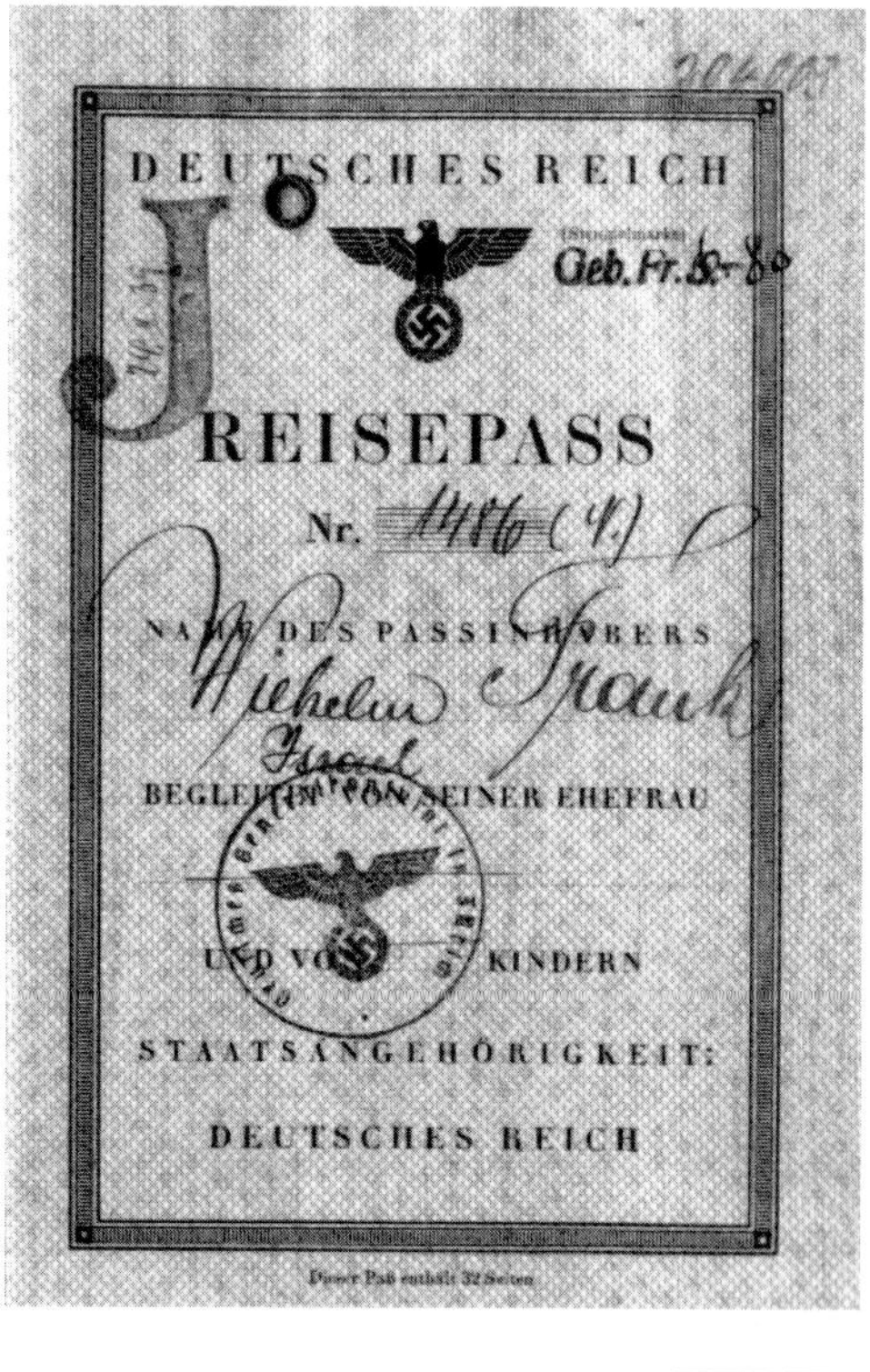

▶**Jスタンプ**　司法警察省内部には、ドイツにこうした対応を求めると、連邦憲法が人権を保障しているユダヤ系スイス市民にも同じことをしなければならなくなるとの反対意見もあった。

てきた。それでも連合国からみれば大戦中のスイスは明らかに親ドイツ国家であった。それは国家の存続のために不可避であったと指摘する識者もいる。しかしマギーのドイツ子会社のようにアーリア化（ユダヤ人社員の追放）を行い、強制労働者を使った企業にも目を向ける必要がある。ガイギー社などはスイス本社でもユダヤ人を排除していた。ナチズムへの順応はつねに不可避であったわけではない。問題はスイス自体にもあった。もちろん同じ問題が多くのヨーロッパ諸国にも存在していた。イェニシェやシンティー・ロマ（ジプシー）などの移動生活者たちに対する弾圧についても同

じことが言える。

＋終戦と国際関係の再構築

一九四五年五月、ドイツの無条件降伏によってヨーロッパの戦争は終わった。その間スイスの国内総生産は一五パーセント減少し、賃金も一〇パーセント以上低くなったが、一九四六年には回復に転じた。労使関係も改善され、ストもほとんど起きなくなった。しかし戦時中の経済活動には清算が必要であった。スイスは略奪金塊の購入の責任をとり、一九四六年に関係国の中央銀行に合計二億五〇〇〇万スイスフランを支払うことになる。この件に関してワシントンで開かれた会議ではホロコースト犠牲者の財産のことも話題になるが、真相は不明であった。

大戦中のスイスには人道問題や国際協調への配慮が不十分であったとの声がスイス国内でもあがり、連邦閣僚マクス・プティピエール（自由民主党）は中立と国際貢献の両立を呼びかけた。それ以後スイスは、中立の立場との矛盾を理由に国際連合加盟を見送る一方、戦争被害者向けの「スイス義援金」の拠出（一九四八年まで二億スイスフラン）、難民受け入れの拡大、国際紛争の調停への協力、国連ヨーロッパ本部と関連諸機関のジュネーヴ誘致などによって独自の国際貢献を進めた。なお戦後の早い段階におけるスイスの国際的調停活動としては、一九五三年の朝鮮戦争休戦協定時の中立国監視委員会への参加や五四年のインドシナ休戦協定への協力が目を引く。

スイスは自由主義経済圏の一員として一九四八年設立のOEEC（欧州経済協力機構・一九六一年からOECD）に参加し、GATT（関税・貿易に関する一般協定・一九九五年からWTO）にも一九六六年に加わる。さらにスイスは、一九五六年のハンガリー事件や六八年のチェコ事件に象徴されるソ連の動きを警戒しつつも、共産圏との貿易を拡大していった。なお中華人民共和国の承認はイギリスと同じ一九五〇年である。それも中立の原則ゆえであった。また、スイスの共産党は大戦中、一九四〇年に禁止されたが、四四年に労働党（PdA）として再生し、四七年には国民議会に七議席を得ている（その後は衰退し、二〇〇七年には一議席となる）。ところで、冷戦期のスイスでは核武装論も登場し、研究も進んだが、一九六九年に連邦政府は核兵器不拡散条約に調印し、方向転換を図る。一九六四年には軍部が核武装可能な戦闘機（一〇〇機）を予算超過のまま購入しようとする事件が起きていた（ミラージュ事件）。この間、民間防衛用の（核）シェルターの設置が進み、その数は現在二七万に及ぶ。

◀**総動員態勢の解除**　一九四五年八月一九日、ギザン総司令官（壇上の右端）が閣僚たちとともにベルンで演説を行い、難局を乗りきったスイス人の団結を讃えた。総動員態勢は翌日解除される。

3 現代の諸問題

✚経済の動向

戦後スイスでは、長期的傾向として、第一次・第二次産業（つまり農業・工業など）の従事者の減少と第三次産業従事者の増加が起きた（一九六〇年に三九パーセント、二〇一〇年に七四パーセント）。とくに伸びたのは医療・健康・社会保障サービス部門である。銀行業も隆盛し、その収益は二〇〇八年には国内総生産の一割を超えた。大戦終結時、ドイツとの取引に問題が生じたのち、スイスの銀行は国内での融資に力を入れるが、やがて政治と通貨の安定性、守秘義務、税金の安さを武器に国際的な取引も活発に行うようになった。一九九〇年代には銀行の統合が進み、九八年にUBS銀行が誕生した。クレディ・スイスもロイ銀行やフォルクス銀行を買収し、巨大化していった。

なお戦後スイスにおいては「脱工業化」の傾向がみられた。とくに繊維工業は東欧やアジアに押されて縮小していった。しかし建設、機械、金属は安定しており、化学工業は成長を遂げている。建設業は一九六〇年代に繁栄したが、それは住宅、道路、発電所などの建設需要による。時計工業は七〇年代に日本のクオーツ時計に破れるが、八〇年代以降、廉価で斬新なデザインのスウォッチや、ロレックスなどの高級時計部門で力を回復した。銀行以外でも企業の統合が進み、たとえば一九九六年には化学（製薬・バイオ）の分野でチバガイギーとサンドが合併してノバルティス社が誕生した。他方、ネスレ社は外国企業を次々に買収し、ペットフードや健康食品も手がけ、世界に二八万人以上の従業員を擁している（二〇一〇年）。

スイス経済は一九七〇年代に石油危機やドル危機に巻き込まれ、スイスフラン高が輸出産業を直撃した。その際には二五万人の雇用が失われ、不況は八〇年代半ばまで続いた。他方、外国人労働者は増えつづけ、一九五〇年以降の二〇年間で二八万五〇〇〇人（人口の六・一パーセント）から一〇八万人（一七・二パーセント）になっていた。彼らは雇用の調整弁にされており、失業率は不況時の七六年にも統計的には一パーセント未満であったが、それでも外国人労働者が多すぎると感じる人々もいた。

✚右派の躍進

いわゆる「外国人の過剰」に反対する国民発議を構想したのは当時の民主党であるが、それを実行したのは「国民行動」という右派勢力である。外国人を人口の一〇パーセントに制限するという彼らの発議は、一九七〇年の国民投票で否決されるが、ベルンを含む七つのカントンでは賛成が過半数であった。「国民行動」は政党化し、一九七一年に国民議会に四議席を得る。しかし、その後は衰退し、二〇〇七年には議席を失った。その背景には愛国主義と外国人減らしを唱える大政党、スイス国民党（SVP）の躍進がある（SVPは人民党と訳される場合もある）。同党は一九七一年、農工市民党が民主党の一部と合流して誕生したものである。なお、一九八五年には反環境保護の「自動車党」が生まれ、九一年に国民議会で八議席を獲得し、九四年には「自由の党」と改称するが、九九年には議席を失った。一方、スイス国民党は二〇〇三年に国民議会の第一党になる。ところで一九〇五年結成の民主党は、左右対立で七一年に解党し、グラウビュンデンとグラールスの勢力が農工市民党とともに国民党の結党に加わった一方、チューリヒの勢力は自由民主党に合流していた。一九一三年結党の自由党も、二〇〇九年に自由民主党と合同している。こうして古いリベラル派の小政党は、右派政党の巨大化を前に姿を消したのであった。

▶ヨーロッパよ立ち上がれ　一九四六年九月一九日、イギリスのチャーチル首相がチューリヒで演説を行い、ヨーロッパ合衆国（United States of Europe）の構想を唱えた。

✚社会保障

一九四七年、スイス連邦憲法には「経済条項」が加えられ、職業団体の公的役割や

産業部門別および男女別の就業者数（単位：千人）

	1960	1970	1980	1990	2000	2010
合計	2,717	3,143	3,166	3,821	4,116	4,588
第1次産業	393	269	218	162	171	154
第2次産業	1,263	1,451	1,207	1,229	1,045	1,033
第3次産業	1,061	1,423	1,741	2,429	2,900	3,401
男	1,790	2,075	2,021	2,327	2,320	2,528
女	927	1,067	1,145	1,494	1,796	2,060

Statistisches Jahrbuch der Schweiz 2011から作成

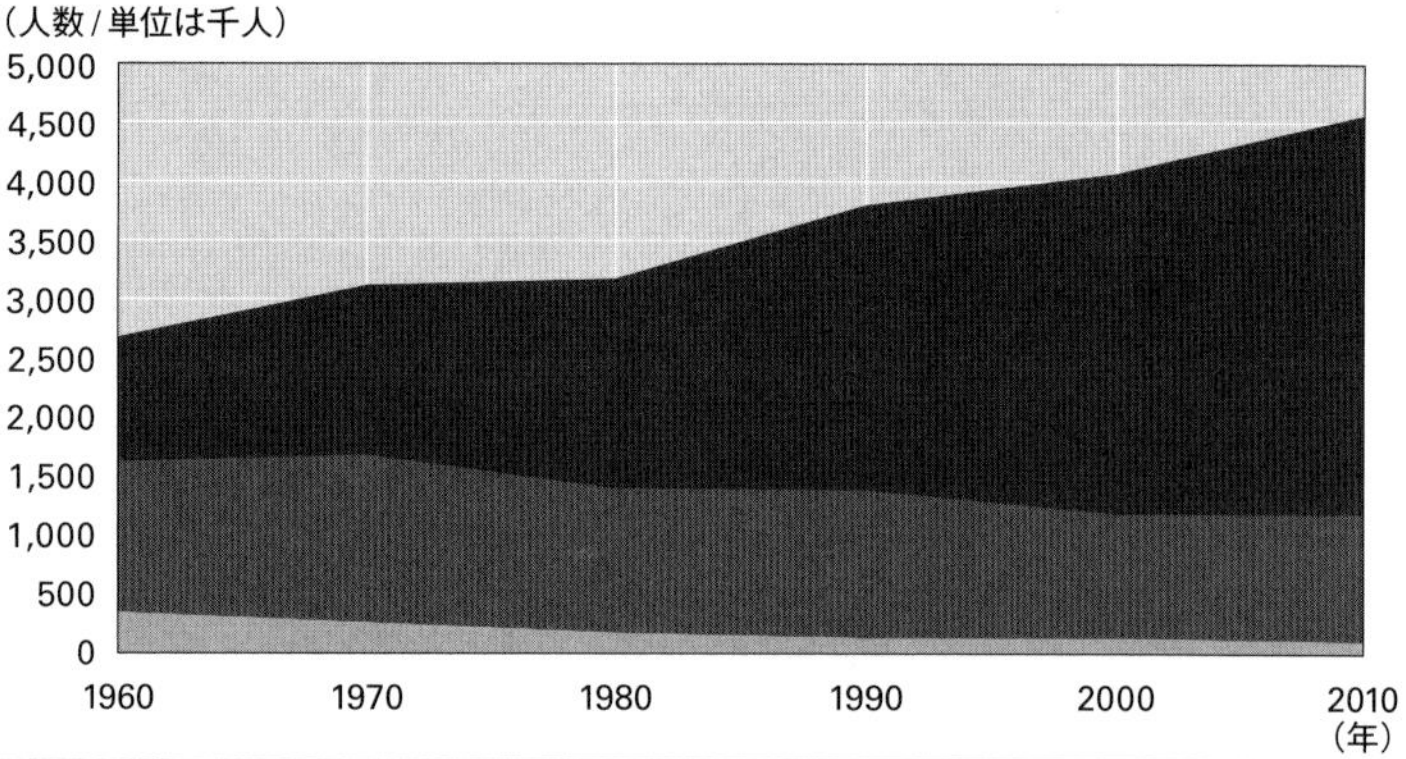

▶長期的な傾向として明らかなのは、第三次産業（サービス業など）の伸びと女性の就業者の増加である。

▼第二次産業（工業部門）は第一次産業（農業部門）とともに収縮しているが、とくに伝統的な繊維工業や時計工業の衰退が目を引く。一方、金属・機械工業や建設業は堅調である。

第2次産業の歴史的変化（1870〜2000年）HLS, Bd.6, S.623から作成

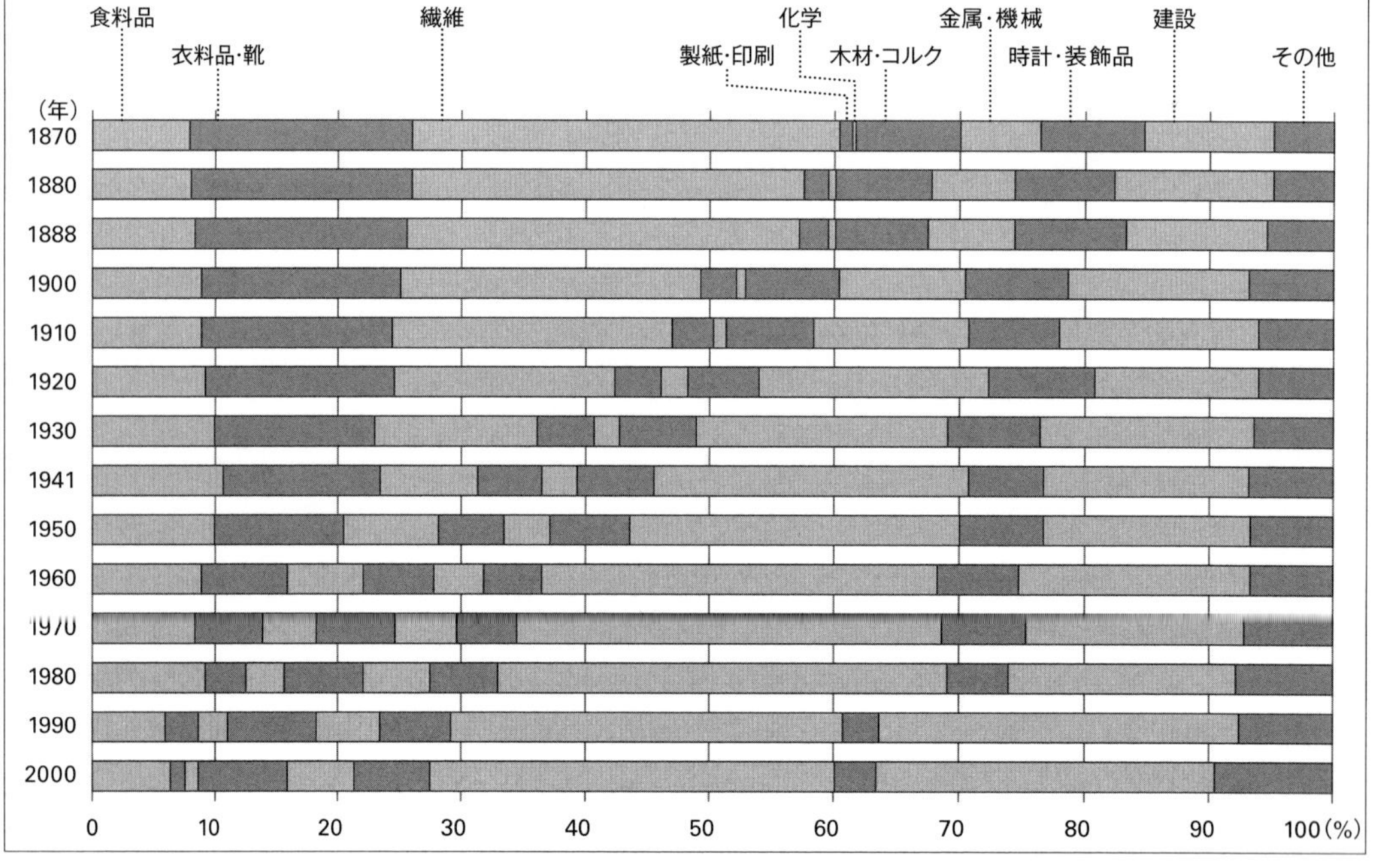

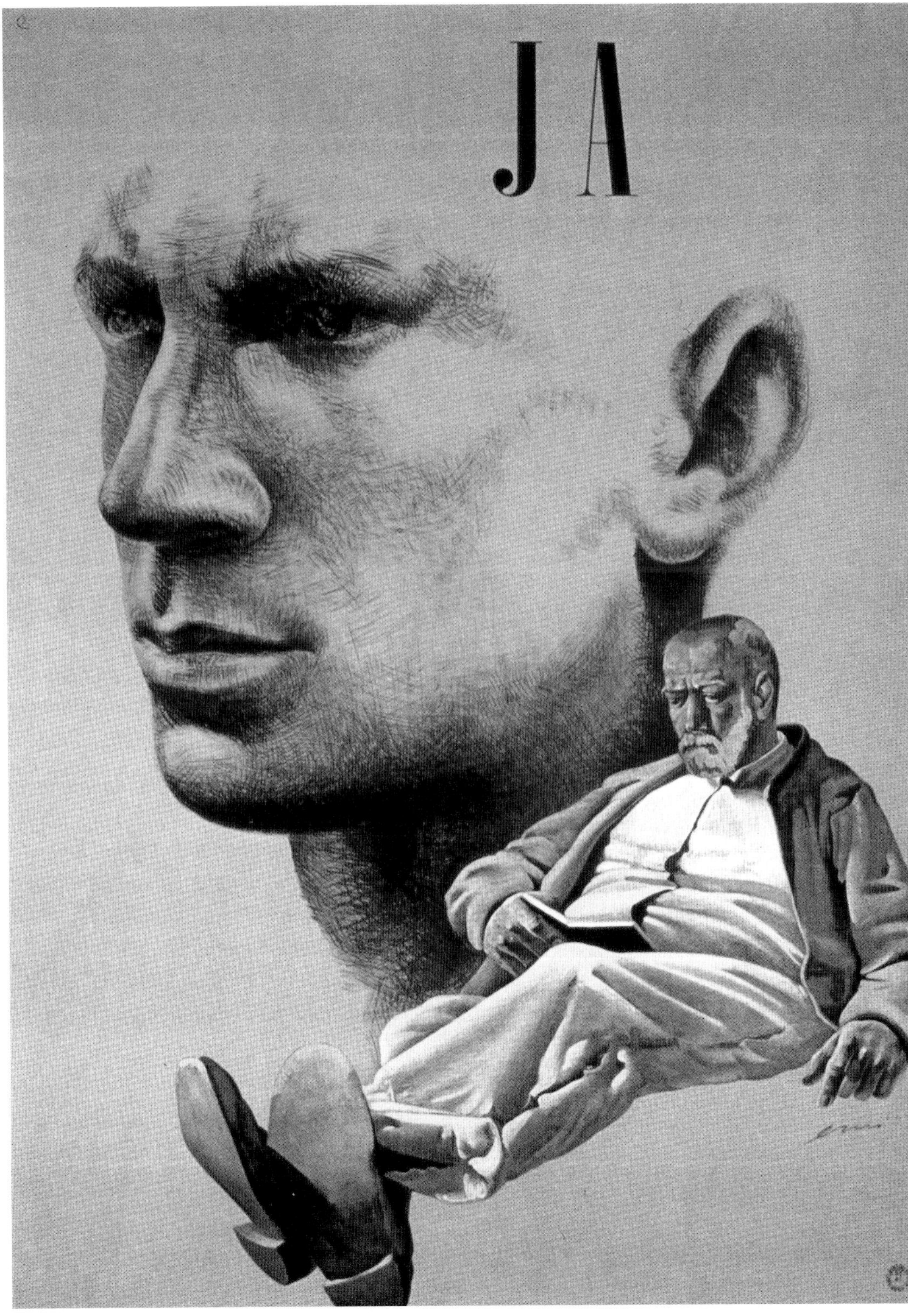

◀**老齢遺族年金保険法の成立（一九四七年）**　賛成の投票を呼びかけるポスター。

◀**魔法の公式**　一九五九年に閣僚に選ばれた七人。右ページの左からマクス・プティピエール（FDP）、ポール・ショデ（FDP）、フリードリヒ・T・ヴァーレン（BGB）、左ページの左からジャン・ブルクネヒト（KCVP）、ルートヴィヒ・フォン・モース（KCVP）、ハンス・ペーター・チュディ（SP）、ヴィリ・シュピューラー（SP）。

農民支援の方針が明確になった。前者は労働協約や法律制定の際の意思決定に職業団体を参加させるものであり、後者は農業保護および農産物価格の抑制に対する補償を内容としていた。それらは自由主義経済に一定の制約をもたらす社会的調整にほかならない。しかし、自助と共同体的互助の伝統の強いスイスでは「福祉国家」は目標にならなかった。それでも一九四七年に老齢遺族年金保険法案が国民投票を通過したことは、一定の変化の現れである。年金制度に関しては、その後一九七二年以降「三つの柱」がそれぞれ整備され、連邦の年金制度の外側に企業年金と個人年金が導入された。一九六〇年には障害者年金保険（IV）も制度化され、七六年には失業保険（ALV）の義務化が決まった。しかし統一的な健康保険制度はまだない（二〇〇七年の国民発議は否決された）。健康保険は民間保険会社の領分であり、保険料は所得には無関係である。ところで、連邦の母性保険法案は国民投票で三度も否決されたが、二〇〇四年にようやく通過し、翌年から有給の産休制度が始まった。

✚魔法の公式

一九五九年、社会民主党は「社会的市場経済」の理念を綱領に盛り込んだ。一方、保守人民党は労働者層の要求に耳を傾けるようになり、一九五七年に保守キリスト教社会人民党（KCVP）し改称した。イデオロギー的対立は明らかに弱まっていた。そうしたなか一九五九年に四つの閣僚ポストが空き、後任の選出が行われたが、その結果、七閣僚の内訳はSP（社会民主党）二名、FDP（自由民主党）二名、KCVP二名、BGB（農工市民党）一名となった。この配分は同年の国民議会選挙の結果を反映したものであった（SP二六パーセント、FDP二四パーセント、KCVP二三パーセント、BGB一一パーセント）。四大政党の合意民主主義を完成に導いたこの閣僚ポスト配分比率（二・二・二・一）は「魔法の公式」と呼ばれ、二〇〇三年まで四四年間も維持される。なお閣僚選出の際にはカントンと母語だけでなく宗派も考慮された。またその「公式」は官公庁や軍隊の上層部の人事にも応用された。

右に述べたようなオール与党体制は、国民投票によって政府提案が否決される危険を最小化するものであった。国民投票は、大戦中はほとんど行われず、連邦内閣の緊急政令が多用されたが、戦後に再開され、ヴォーの分権派が一九四九年に提起した「直接民主政への復帰」イニシアティヴも成功し、政府・議会はますます主要政党間

◀一九六八年の学生運動　チューリヒのバーンホーフ通りで座り込みを行う若者たち。

の事前調整を求めていた。ただし政策合意のない案件では投票結果は予想できなかった。

✚矛盾と対立

一九六〇年代以降、スイスでは各種の矛盾や対立が表面化した。一九六八年にはフランスの学生運動（五月革命）に影響された若者たちが、大学民主化運動、自治センター運動、ベトナム反戦運動、反核運動などをジュネーヴやチューリヒで展開した。運動の理念は革命的マルクス主義から心情的な反権威主義、物質文明批判、性の解放まで多種多様であった。総動員世代の価値観は支持を失い、共産国による侵略への備えを求める政府発行の手引き書『民間防衛』（一九六九年）も若者の反発を買った。若者たちは一九八〇年代前半にも抗議運動を起こした。兵役拒否者が増え、国民皆兵に反対するイニシアティヴ運動も展開された。そして長い議論のすえ、一九九二年には良心的兵役拒否者向けの代替役務制度が国民投票で認められた（導入は九六年）。そして二〇〇九年には良心審査（信条の確認）が廃止され、この年、七四〇〇〇人もの若者が代替役務を選んだ。

　ところでスイスにはアールガウのベツナウなど四カ所に五基の原発があり、総電力の四〇パーセントをまかなっているが、原発に対しては反対意見も強い。一九七五年にはカイザーアウクストの原発建設計画が凍結され、チェルノブイリ原発事故の二年後、八八年には撤回された。九〇年には一〇年間の原発新規建設モラトリアム（国民発議）が決まったが、二〇〇三年にはその延長案は否決され、電力会社は新規の建設計画をたてた。そうしたなか、二〇一一年に福島で原発事故が起きると、その衝撃によって世論は大きく変化し、連邦政府は二〇三四年までに原発を全廃する方針を公表した。

✚女性解放

スイスの女性解放は遅く、女性参政権法案は一九五九年になっても（男性だけの）国民投票で六六・九パーセントの反対で否決された。ヴォー、ヌシャテル、ジュネーヴ、バーゼル都市部は六〇年代からカントン・レベルで女性参政権を認めたが、農村地帯の反対は根強かった。政党では社会民主党が賛成、農工市民党は反対、自由民主党とキリスト教民主人民党は割れていた。

一九七一年、連邦政府が女性差別を（当然）認めない欧州人権条約に条件つきで調印しようとすると、差別反対運動が激化し、国民発議が提起され、こんどは六五・七パーセントの賛成で連邦の女性参政権が実現した。この年、一〇人の女性が国民議会に入る。しかし平等化は不完全であり、憲法に男女平等の条項ができたのは一九八一年、婚姻法上の差別が消えるのは八五年である。それ以後スイス女性が外国人と結婚してスイス市民権を自動的に喪失したり、外国人女性がスイス人と結婚して自動的に市民権を獲得したりすることもなくなった。なお女性参政権を拒みつづけた地域もあり、アペンツェル・アウサーローデンがランツゲマインデの挙手投票でこれを認めたのは一九八九年である。インナーローデンにいたっては一九九〇年の連邦裁判所の違憲判決によって、ようやく同じことがその翌年、一九九一年に実現した。

◀兵役拒否　ベルンの武器庫前に装備を投げ出して抗議する若者たち（一九七〇年代）。

◀ジュラの独立運動　一九七六年に（やがて州都となる）ドゥレモンで行われたデモ行進。デモ隊は城門を突き破る槌（ベリエ）をかついでいる。

✚二三番目のカントン

前述の婚姻法改正案に対するカントン・ジュラの賛成率は七六・八パーセントであり、ジュネーヴに次ぐ高率であった。この数字は古い権威主義への反対の強さを示している。ジュラ地方とくに北部のカトリック・フランス語圏の住民は、一八一五年にベルン領にされたことに不満を抱きつづけていた。第二次大戦後にはカントン政治への参画問題がこじれ、ローラン・ベグラン（社会民主党）率いる分離運動が火を噴き、一九六〇年代末には衝突事件も起きた。一

九七〇年代には郡単位、村単位の住民投票による解決が図られ、最終的に北部三郡の新カントン化、南部三郡のベルン残留、東部一郡のバーゼル農村部への帰属が決まる。二三番目の新カントンは、一九七八年の国民投票を経て翌年に正式発足した。その際のスイスの紛争解決力には国際的な注目が集まった。なおカントン・ジュラにはドイツ語を話す少数派も残るが、カントン憲法（第三条）はフランス語だけを国語にして公用語（官公庁用語）と宣言しており、そこには排他性が垣間みえる。他方、ジュラを抑圧してきたはずのベルンの憲法にはドイツ語とフランス語の両方がカントンの国語・公用語であると記され（第六条）、「言語的・文化的・地域的少数集団」は保護されると書いてある（第四条）。

✚ヨーロッパ統合とスイス

スイス人はカントン憲法と連邦憲法という二つの基本法に従って生活しており、そこにヨーロッパ法の傘をかぶせるのは容易なことではない。スイスは人権と民主主義の推進をうたう欧州評議会（四七カ国）には一九六三年に加盟し、欧州人権条約にも七四年に調印している。しかし経済的・法的・政治的統合をめざすＥＵとの距離は縮まりそうにない。最初からスイスは、ＥＣ

SC（ヨーロッパ石炭鉄鋼共同体・一九五二年）やEEC（欧州経済共同体・一九五七年）に懐疑的であった。経済活動の閉鎖化を懸念したからである。その後EECは加盟国間の関税の撤廃や市場統合を進め、外交政策の共有もめざしてECと称するようになるが、スイスはイギリスや北欧諸国とともに一九五九年にEFTA（欧州自由貿易連合）を形成し、「自由貿易」の旗印を掲げた。その後一九九二年にはEFTAとECをつなぐヨーロッパ経済地域（EEA）が生まれた。この年スイスはIMF（国際通貨基金）や世界銀行に加盟するが、EEA参加は国民投票で大差をもって否決される。連邦政府はEC加盟申請も準備していたが、これを機にEC（一九九三年からEU）への加盟ではなく、合意できる分野で相互開放を行うバイラテラル協定方式に転換する。一九九九年と二〇〇四年にスイスはEUと二次にわたるバイラテラル協定を結び、合計一六分野の合意を形成した。二〇〇五年にはシェンゲン協定（人の往来の自由化）とダブリン協定（難民申請の管理）への参加も国民投票を通過し、二〇〇八年から実施されている。

＋二〇世紀末の苦難

スイスは一九八〇年代末に長い不況の時代に入る。政治的にもさまざまな危機が生じた。冷戦が終わった一九八九年、スイスでは平和運動団体（GSoA）が「軍隊なきスイス」（軍隊廃止）の国民発議を起こす。投票結果は否決であったが、この団体は軍備の制限等に関する発議運動を継続することになる。衝撃的なのは、八九年の投票においてジュネーヴとジュラで賛成が過半数に達したことである。

▶スイスの最初の女性大統領ルート・ドライフス（一九九九年）

連邦政府は別の事件でも動揺していた。八四年にスイス最初の女性閣僚になったエリーザベト・コップ（自由民主党）が夫の会社の資金洗浄疑惑を知り、それを内々に夫に告げて安全のために離職を促した「コップ事件」や、連邦の警察機関が九〇万人もの国民の監視記録をつけていた「フィッシュ事件」（一九八九年）である。当時の議会の調査委員会は、ソ連の侵攻に備えた秘密のレジスタンス部隊やスパイ組織の存在も暴露した。この時期には女性差別反対運動も再活性化し、一九九三年にはルート・ドライフス（社会民主党）が二人目の女性閣僚となった。そして彼女は一九九九年に初の女性大統領となる（二〇一〇年には七閣僚のうち四人が女性となっている）。ところでドライフスはアールガウのエンディンゲンに市民権をもつユダヤ教徒であるが、父親シドニー・ドライフス（商人）は大戦中に前述のグリュニンガーに協力し、多くのユダヤ人難民を救ったとされる。

一九九〇年代は世界恐慌期に匹敵する不況の時代といわれ、経済成長が止まる一方、物価は上昇するスタグフレーションが起こった。国民の購買意欲は、健康保険料の上昇や付加価値税（MWSt）の導入（一九九五年）もあって低下していた。ただしその税率はEUの最低基準（一五パーセント）の半分程度である。一九九〇年代のスイスは、高金利、住宅ローン破綻、スイスフラン高、輸出の不調、企業の生産拠点の国外移転にも悩まされた。失業率は一九九七年に五・二パーセントを記録し、ストもあちこちで起きた。農業部門ではウルグアイラウンドによる輸入農産物の関税引き下げも

連邦議会の女性議員数の推移
※1971年の女性参政権実現から2007年まで

年度	国民議会		全州議会	
1971	10	5%	1	2.2%
1975	15	7.5%	0	-
1979	21	10.5%	3	6.5%
1983	22	11%	3	6.5%
1987	29	14.5%	5	10.9%
1991	35	17.5%	4	8.7%
1995	43	21.5%	8	17.4%
1999	48	24%	7	15.2%
2003	50	25%	11	23.9%
2007	57	28.5%	10	21.7%

連邦議会ウェブ公開資料から作成
(http://www.parlament.ch)

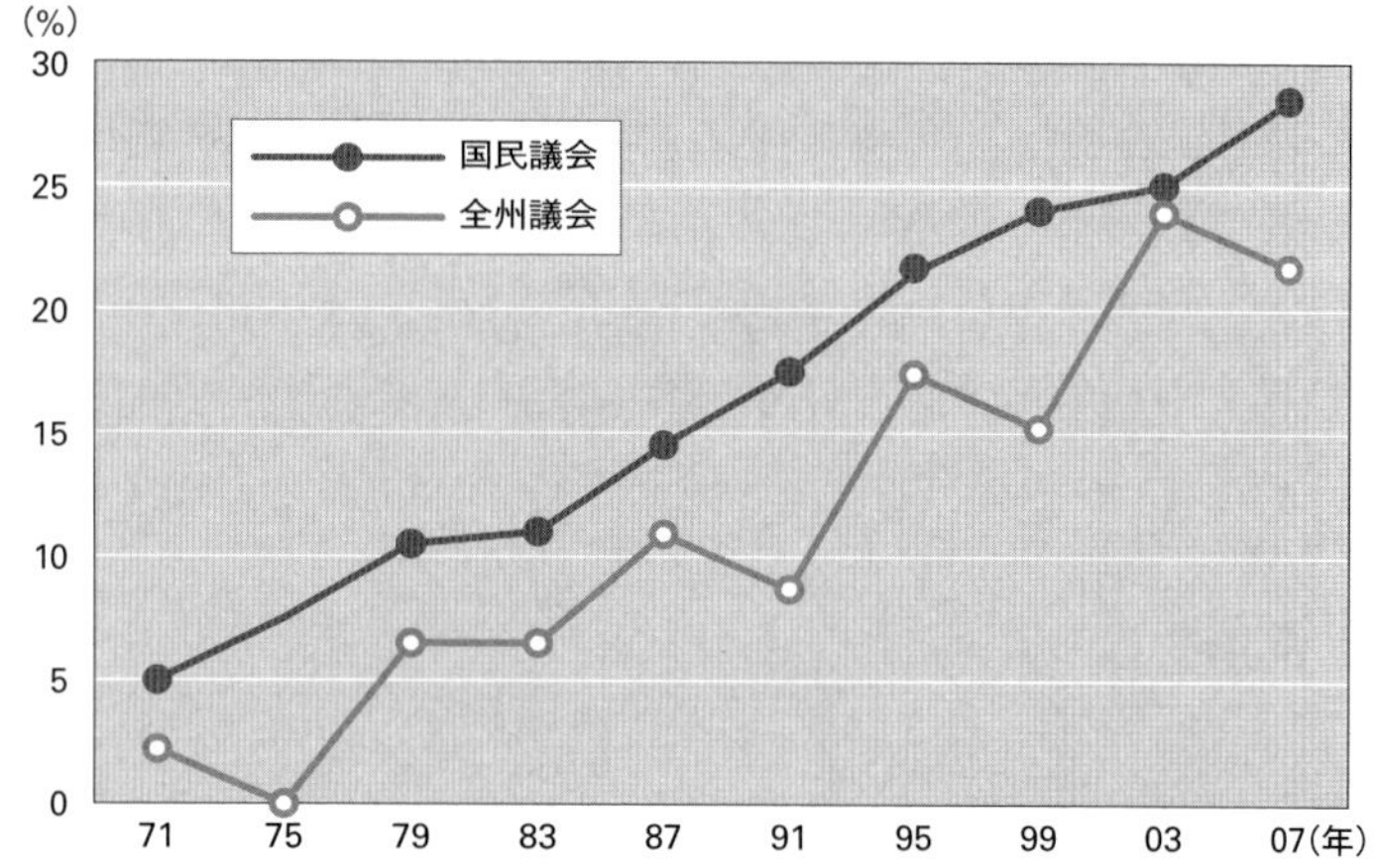

▲日本の国会（衆議院）の女性議員の比率は10パーセント前後にとどまっていることを想起すれば、スイスの変化は著しいと言える。

国際比較：就業者に占める外国人の割合（2009年）

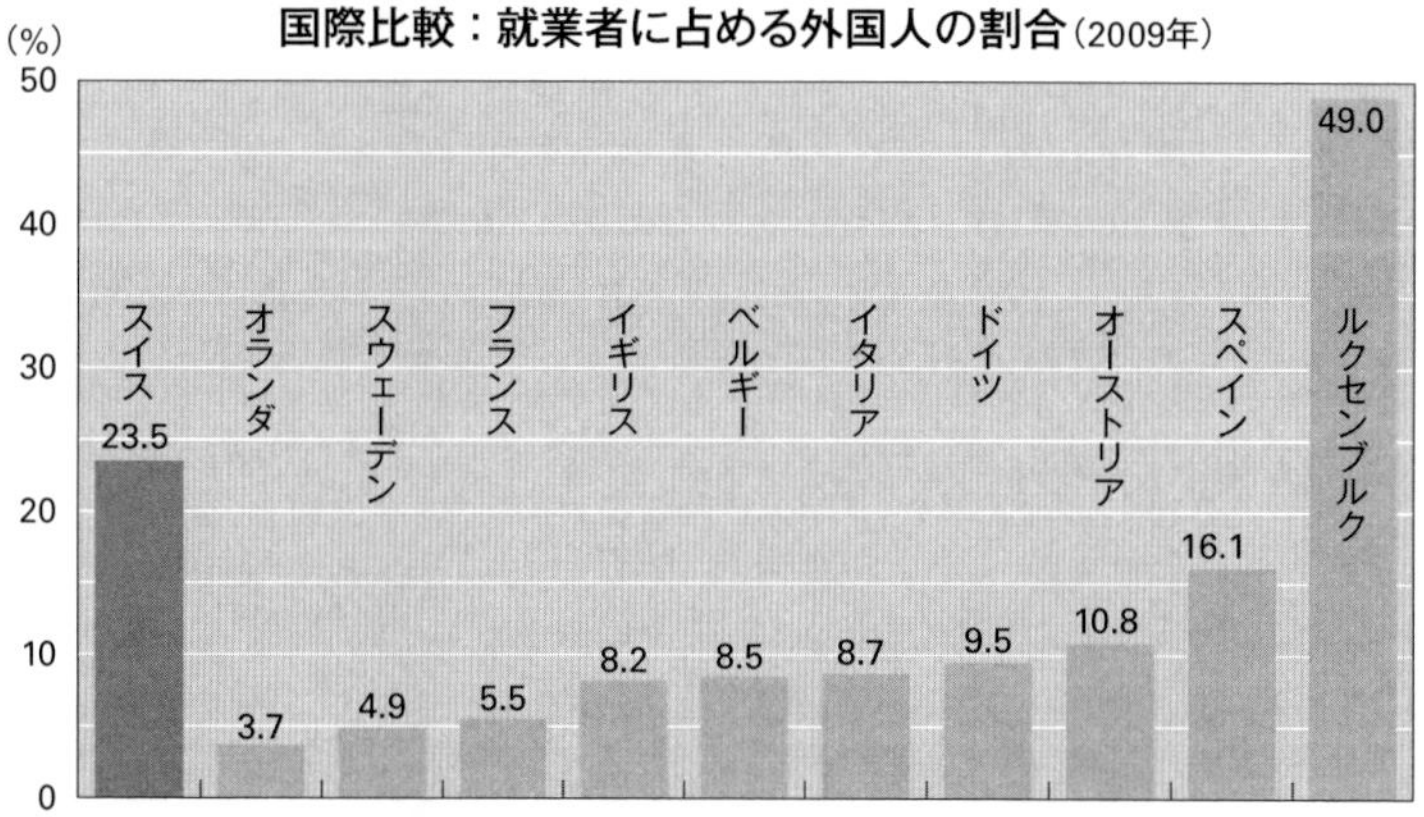

連邦統計局ウェブ公開資料（2011年度）から作成（http://www.bfs.admin.ch）

◀ルクセンブルクの数字が大きい理由のひとつは、ドイツやフランスなどの周辺国からの越境通勤者が外国人労働者の半数以上を占めているからで、スイスではその割合は20パーセント未満である。なお日本の場合、就業者中の外国人の割合は1パーセント台である。

影響して生産の減少と価格の下落が起き、生産者は苦しんだ。

✚人権問題

スイスの外国人は増えつづけ、一九八〇年に全人口の一四・四パーセント、一九九〇年に一六・八パーセント、二〇〇〇年に一九・八パーセント、二〇〇九年に二二パーセントになる。約八〇〇万の人口のうち二割が外国人なのである。政治的迫害による難民申請の増加も外国人の増加の一因であるが、申請手続きは厳しくなり、九割が却下されるようになっている。ただしスイスは、人道支援のための一時滞在許可には積極的であり、一九九九年には二〇万人のコソボ人を受け入れた。その一方、一九九四年には難民申請を却下された外国人を退去させる法律改正を行った。しかし同じ年、国連の人種差別撤廃条約への署名を機に、人種差別禁止条項を刑法に加える国民投票を行って僅差で可決させ、人種的・宗教的差別や大量虐殺を肯定する言説を禁止し、人権尊重の姿勢を内外に示した。

✚過去の克服

スイス人の人権意識は、過去の克服（歴史の見直し）をめぐる問題においても厳しく問われている。一九九五年、東欧のホロ

▶ジュネーヴのパレ・デ・ナシオン　カントン・ジュネーヴにおける国連加盟イニシアティヴ（二〇〇二年）への賛成率はスイスでもっとも高い六七パーセントであった（写真＝スイス政府観光局）。

コースト犠牲者の接収財産問題にとりくんできた世界ユダヤ人会議（ＷＪＣ）は、スイスの銀行にも目を向け、金塊問題やユダヤ人の休眠口座問題の解明を求めた。アメリカもこれを支援し、当時の国務次官はスイスを批判する報告書を作成した。しかしスイスの反応は遅かった。大半のスイス人にとって第二次大戦期は独立と中立を守り抜いた栄光の時代であり、「戦争責任」などあるはずがなかった。そのため歴史の見直しの要求は不当な外圧と意識された。やがてユダヤ人戦争犠牲者への補償を求める集団訴訟が起こされ、一九九八年には和解が成立し、スイス三大銀行（当時のＵＢＳ、ＳＢＣ、クレディ・スイス）は一二億五〇〇〇万ドルを原告側に支払う。グローバル化のなか、スイスの大手銀行はアメリカの顧客を失うまいとして解決を急いでいた。

　その当時、スイス国立銀行が保有する金塊を用いて「スイス連帯基金」をつくる計画もあったが、これは二〇〇二年の国民投票で否決された。一方、連邦議会は一九九六年、大戦中のスイスの行動を解明する独立専門家委員会（ベルジエ委員会）を設置した。その委員たち（内外の歴史家や法律家）がスイス現代史の暗部を明らかにする最終報告書を完成させたのは二〇〇一年のことである。

国民議会における主要政党の議席数

議席数は選挙直後のものであり、その後の脱党や入党は反映していない。FDP＝自由民主党　CVP＝キリスト教民主人民党（旧称はKVP, KCVP）　SP＝社会民主党　SVP＝国民党（旧称はBGB）Dem＝民主党　LP＝自由党　LdU＝無所属同盟　PdA＝共産党　GPS＝緑の党
※プロテスタント人民党（EVP/1919～）、自動車党（1985～）、緑の自由党（GLP/2007～）、中道民主党（BDP/2008～）は「その他」
（連邦議会ウェブ公開資料から作成：http://www.parlament.ch）

1919年

この年に比例代表制が導入され、四大政党の時代となる。

政党名（略称）	議席数
①FDP	60
②KVP	41
③SP	41
④BGB	30
⑤Dem	4
⑥LP	9
⑦その他	4
総数	189

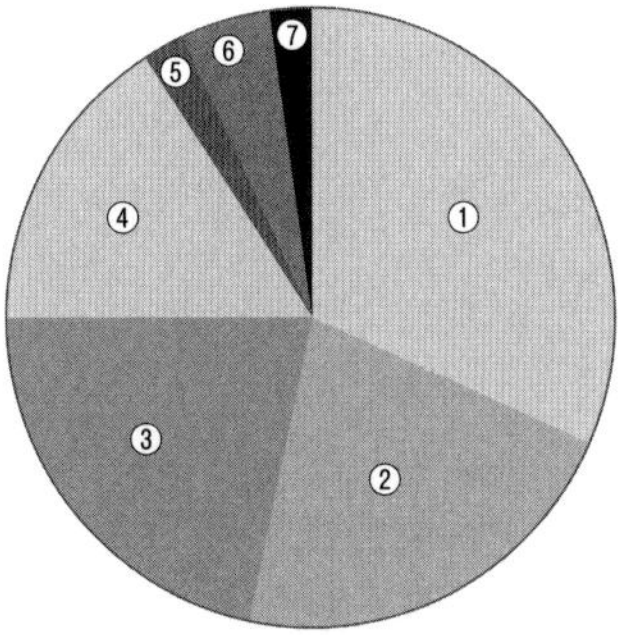

1959年

この年に連邦内閣の「魔法の公式」が生まれる。

政党名（略称）	議席数
①FDP	51
②KCVP	47
③SP	51
④BGB	23
⑤Dem	4
⑥LP	5
⑦LdU	10
⑧PdA	3
⑨その他	2
総数	196

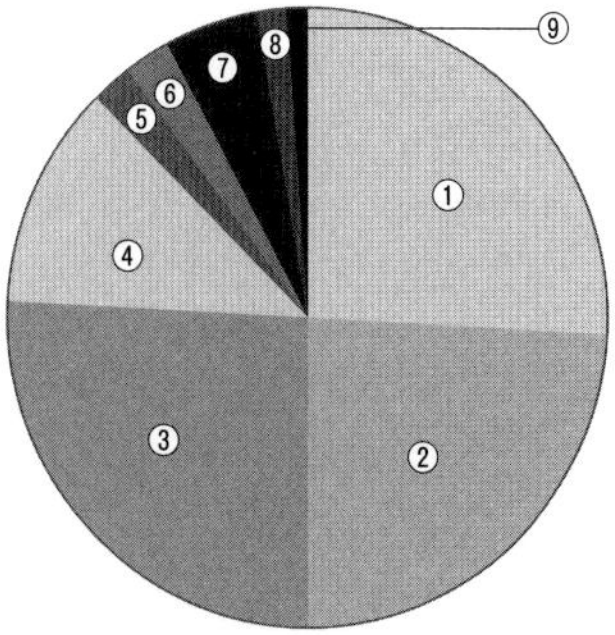

2003年

この年に国民党が最大政党となって「魔法の公式」が崩れる。

政党名（略称）	議席数
①FDP	36
②CVP	28
③SP	52
④SVP	55
⑤LP	4
⑥PdA	3
⑦GPS	13
⑧その他	9
総数	200

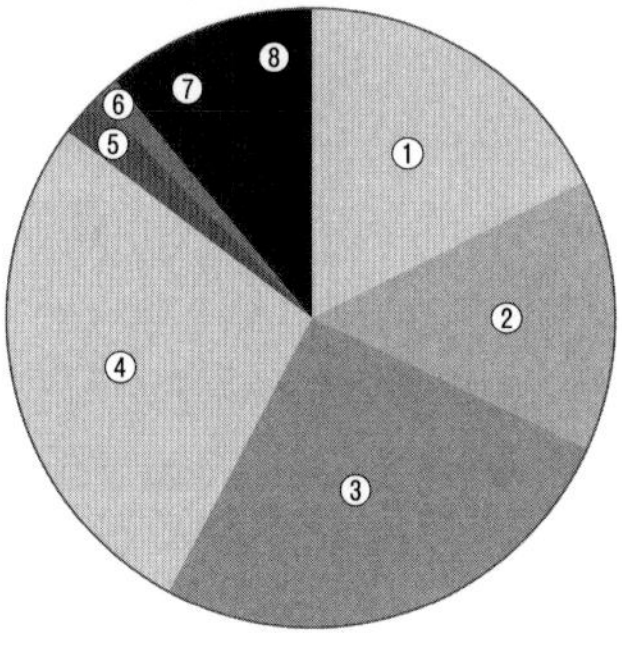

2007年

この年に緑の党が躍進する。

政党名（略称）	議席数
①FDP	31
②CVP	31
③SP	43
④SVP	62
⑤LP	4
⑥PdA	1
⑦GPS	20
⑧その他	8
総数	200

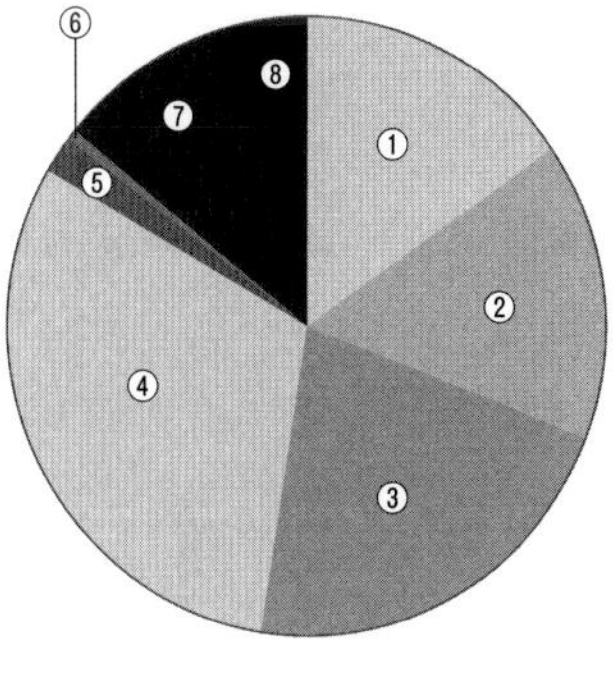

✚一九〇番目の国連加盟国

スイスでは一九八〇年代後半から外交の見直しの議論が盛んになった。一九八六年の国連加盟の是非を問う国民投票では賛成は二四・三パーセントにとどまったが、九〇年代にはEUとの関係強化が進み、安全保障面での国際的連帯も深まる。スイスは一九九〇年に対イラク経済制裁に加わり、九五年にはNATO空軍機の領空通過を認めた。その翌年にはNATOと旧ソ連構成国の「平和のためのパートナーシップ」（PfP）に中立を条件に参加し、九九年にはコソボに平和維持活動の支援部隊（スイスコイ）を出す。二〇〇一年の国民投票では、この部隊に自衛用の武器の携帯が認められた。こうした実績のうえに二〇〇二年、国民発議によって国連加盟の提案がなされ、投票者の五四・六パーセントの賛成（および一二カントンの賛成）を得てスイスは一九〇番目の国連加盟国となった。

✚崩れた公式

現代スイスには国際的な標準化を求める人々と「特殊例スイス」の伝統を守ろうとする人々がいる。後者の牽引役は国民党である。一九九九年の国民議会選挙において、クリストーフ・ブロハー率いる同党は議席

緑の党と社会民主党

環境問題が注目されるたびに緑の党が成長し、社会民主党は勢力を弱めている。

※『新チューリヒ新聞』（2011.3.27）および連邦議会ウェブ公開資料（http://www.bfs.admin.ch）から作成。

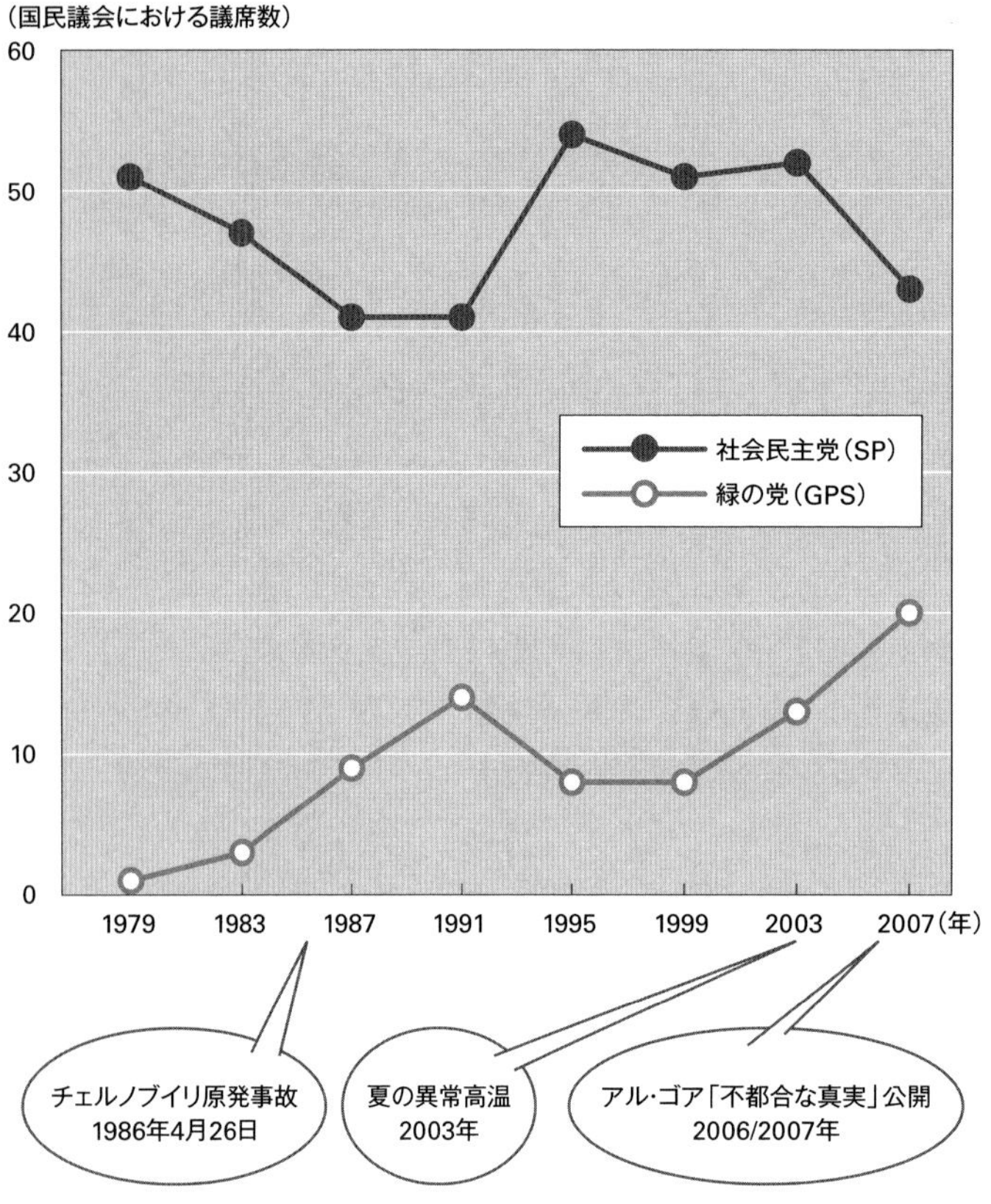

を二九から四四に増やした。彼らは一貫して従来の外国人政策を批判し、二〇〇〇年、その数を人口の一八パーセント以下に抑える国民発議を起こすが、大差で否決された。しかし彼らは成長しつづけ、二〇〇三年には五五議席、二〇〇七年には六二議席を占める最大政党となる。一方、既成の大政党は守勢に立たされている。これまで自由民主党は規制緩和を基調とした政策をとり、郵便電信電話事業（ＰＴＴ）を公営の郵便事業スイスポストと民営の電信電話会社スイスコムに分割する改革（一九九八年）や、店舗営業時間の弾力化、減税などを推進してきたが、二〇〇二年に電力市場の自由化法案が国民投票で否決されたのを機に、公共事業縮減への国民の不安に対処する課題を背負っている。

社会民主党の場合は、内部対立が最大の問題である。六八年世代の党員たちが各種の社会運動、環境運動、女性解放運動と連帯する一方、経済的に成長した労働者層は保守化したことがその背景である。保守キリスト教社会人民党は、第二ヴァチカン公会議（一九六二〜六五年）に従い、伝統的価値と進歩的な社会政策の融合を説き、一九七〇年にキリスト教民主人民党（ＣＶＰ）となるが、その際に古い保守層の離反を招く（ＣＶＰはキリスト教民主党と訳される場合もある）。そうしたなか、ドイツ語圏のプロテスタント地域から出発して中央スイスのカトリック圏や西部スイスにも進出したのが国民党である。国民党には「自動車党」や「国民行動」（スイス民主派）の支持層も吸いよせられた。その過程で同党の主張は排外的なナショナリズムの色彩を強める。一九九〇年代の不況期に蓄積した人々の不満やグローバル企業への不信、雇用問題や文化的摩擦をもたらす外国人の増加への反発も影響していた。

躍進が注目されるもう一つの勢力は、環境保護団体や市民グループからなる緑の党（ＧＰＳ）である。同党は一九七〇年代に活動を開始し、二〇〇七年には国民議会に二〇議席を得てスイス第五の政党となる。一方「無所属同盟」は役割を終え、九九年に解散した。緑の党は反原発を含めて多く

スイスに住む人々の宗教（2000年）（Statistisches Jahrbuch der Schweiz 2011から作成）

（1）外国人を含まないスイス市民権保持者ベースで算出した場合

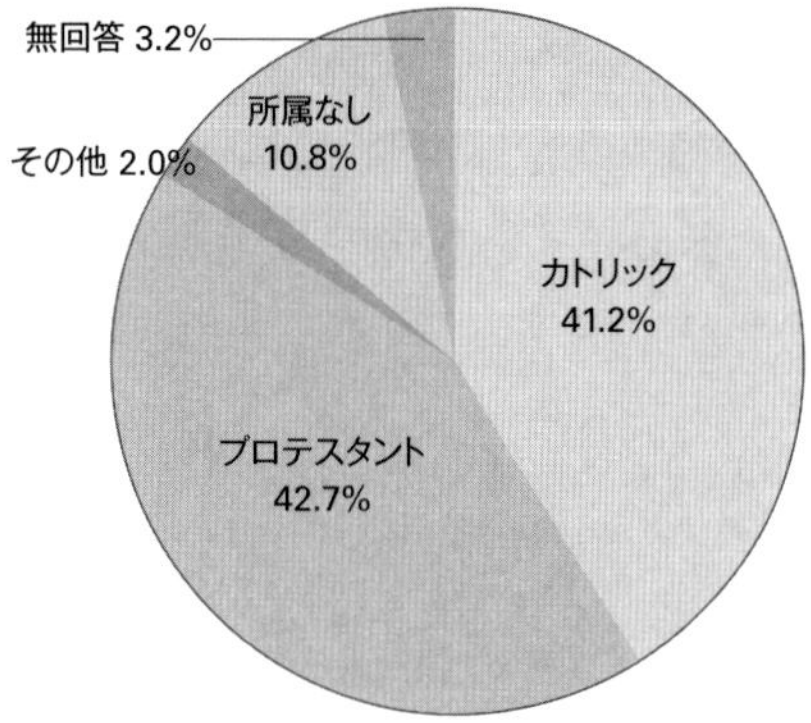

※「その他」の内訳　古カトリック0.2、正教0.5、キリスト教の他の宗派0.2、ユダヤ教0.2、イスラム教0.6、ほか0.3

（2）外国人を含む現住人口ベースで算出した場合

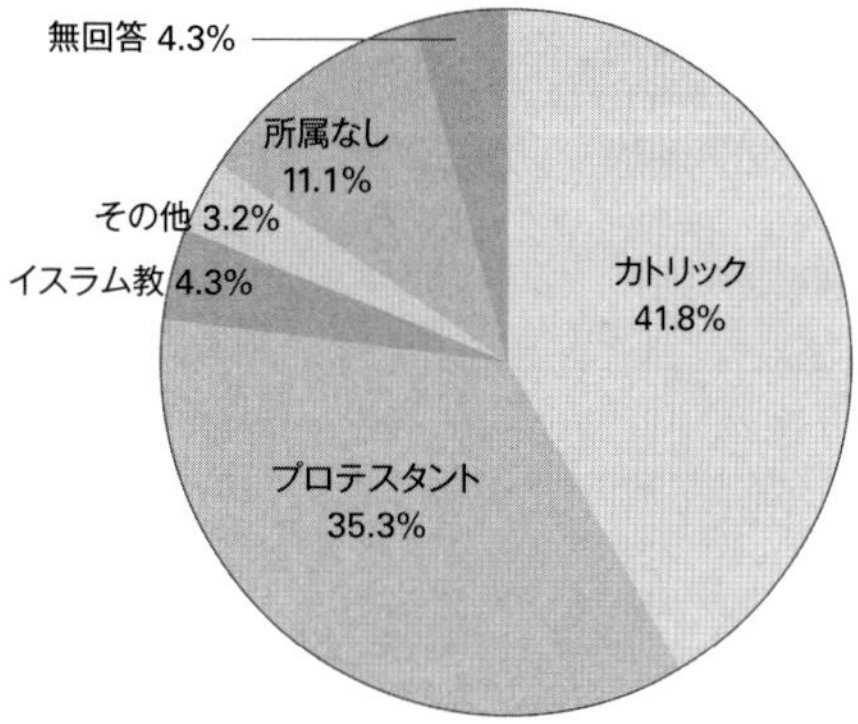

※「その他」の内訳　古カトリック0.2、正教1.8、キリスト教の他の宗派0.2、ユダヤ教0.2、ほか0.8

多言語のスイス

※現住人口は実数　言語欄は%　円グラフは2000年度

年度	現住人口	ドイツ語	フランス語	イタリア語	ロマンシュ語	その他
1910	3,753,293	69.1	21.1	8.1	1.1	0.6
1920	3,880,320	70.9	21.3	6.1	1.1	0.6
1930	4,066,400	71.9	20.4	6.0	1.1	0.6
1941	4,265,703	72.6	20.7	5.2	1.1	0.4
1950	4,714,992	72.1	20.3	5.9	1.0	0.7
1960	5,429,061	69.3	18.9	9.5	0.9	1.4
1970	6,269,783	64.9	18.1	11.9	0.8	4.3
1980	6,365,960	65.0	18.4	9.8	0.8	6.0
1990	6,873,687	63.6	19.2	7.6	0.6	8.9
2000	7,288,010	63.7	20.4	6.5	0.5	8.9

スイス連邦統計局ウェブ公開資料から作成（http://www.bfs.admin.ch）

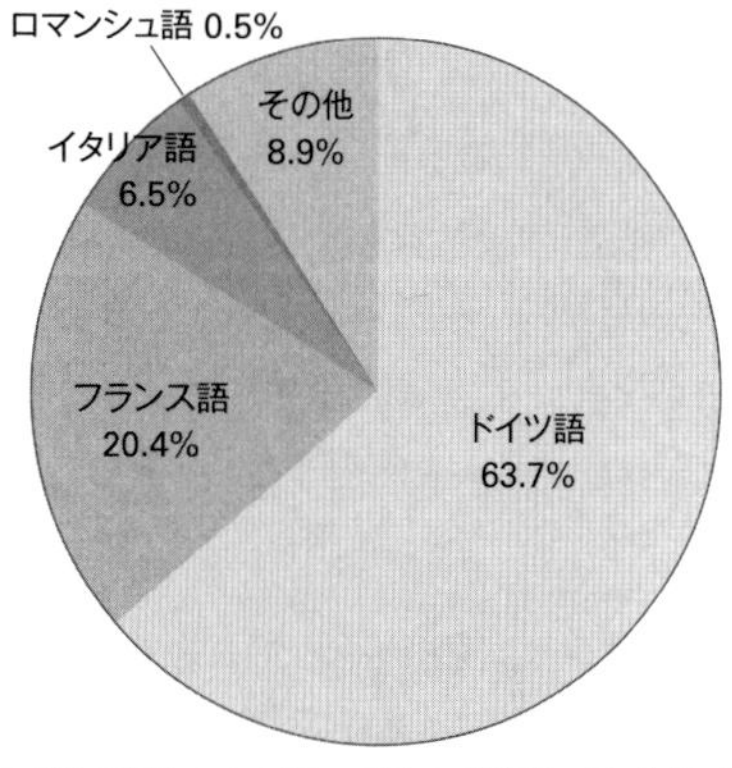

※「その他」としては、ポルトガル語、スペイン語、英語、トルコ語、アルバニア語、セルビア語、クロアチア語などがある。

の国民発議を起こしたが、九四年の「アルプス・イニシアティヴ」は成功し、EU基準を超える厳しさでトラック輸送を制限する政策を実現させた。トラックを鉄道で運ぶローリングハイウェイも定着する。二〇一〇年にはゴットハルト基底トンネルが貫通したが、これを使うアルプトランジット計画が完成すれば、鉄道輸送はいっそう効率化される。

　ところで、国民党の成長は二〇〇三年に「魔法の公式」を崩壊させるにいたった。キリスト教民主人民党が閣僚数を一に減らし、国民党が二になり、二〇〇八年の同党の内紛後には国民党が一、中道民主党（BDP）が一となって流動化したのである。中道民主党はグラウビュンデンとグラールスの国民党員が結成したもので、かつての民主党の伝統を受け継いでいる。

✚白熱する直接民主政

　国民党はその間も排外的な運動を展開しつづけ、スイス国内のイスラム教の礼拝施設にミナレット（塔）を建設することを禁じる国民発議を起こし、二〇〇九年に投票者の五七・五パーセントの賛成を得て実現させた。ミナレットは信仰ではなく政治的権力の象徴であると発議者たちは主張した。こうして連邦憲法にミナレット建設の禁止が書き込まれた（七二条）。しかし、そもそもこの発議に反対していた連邦政府は具体的な建設禁止措置をとっていない。カントン・ベルンにいたっては、二〇一〇年、論争の舞台の一つ、ランゲンタールのミナレット建設の許可を決めた。そしてスイスのイスラム団体は欧州人権裁判所に提訴し、ミナレット建設禁止条項の削除を求める国民発議運動も始まった。スイスの直接民主政は白熱している。

二〇〇四年の国民投票では、外国人の帰化手続きの簡素化のための法律改正案が否決された。二〇〇六年にはEU圏の外国人（専門職）の就労を促進する方針が外国人法に盛り込まれ、難民法にはパスポート非保持者の申請を認めない原則が書き加えられた。その後、外国人のなかで増えているのはドイツ人やフランス人であり、東欧の人々やトルコ人は減っている。ただしアジア・アフリカ出身者は漸増している。国民党は二〇一〇年、重罪を犯した外国人の国外追放を求める国民発議を起こし、五二・九パーセントの賛成で可決させ、あらためてその力を示した。ただし具体化にはEUなどとの法律的調整が必要である。ところで国民党のイメージ戦略は露骨であり、投票のたび、白い羊が黒い羊をスイスから追い出す図案やミサイル型のミナレットがスイス国旗の上に立つ図案、アフリカ的・中東的な容貌の犯罪者を描いた図案などを用いて物議をかもしている。スイスでは外国人への警戒心が明らかに強まっている。しかし人口の二割を外国人が占めるスイスには、彼らが生きやすい開放性がある。その多言語性や国際都市の存在も、外国人にとっては魅力でありつづけている。

[redacted]

スイスでは一九九七年と二〇〇一年にEU加盟交渉を求める国民発議が投票にかけられたが、いずれも圧倒的多数で否決された。ただし地域差が大きく、二〇〇一年の投票ではヌシャテル、ジュネーヴ、ジュラなどのフランス語圏では賛成が四割を超えた一方、アペンツェル・インナーローデンやウーリの賛成率は一割未満であった。スイスの対ヨーロッパ輸出貿易は全体の六割、輸入貿易は八割を占めているにもかかわらず、統合が嫌われるのは、スイス的な「地域主権」と直接民主政ゆえである。アキ・コミュノテール（EU法の総体）を受け入れる場合、経済関係だけでもスイスの法律の半分を改正する必要があるという。国民投票が否決の結果を出せばそれも不可能であり、スイス型の民主政治そのものがEU加盟を妨げているといえる。ただしEUは個々の法や協定からのオプトアウトを認めており、スイスがEUに加盟しても（反対派が言うように）「ブリュッセルの独裁者たち」の言うなりになるわけではない。それでも反対は根強い。バイラテラル協定の成功も賛成論に歯止めをかけた。

しかしバイラテラル協定の戦略は長続きするとは限らない。EU法の追加や改正のスピードは、協定の追加の速度をはるかに超えており、スイスとの協定のEU加盟国による承認にも不安定要因がある。二〇〇四年の第二次バイラテラル協定に際しても、独仏伊などの周辺国は協力的であったが、オランダなどの小国は異論を唱えていた。EUに加盟した東欧諸国の動向もスイスは気にしなければならない。リスボン条約の発効（二〇〇九年）によってEUの機構改革が行われ、バイラテラル協定には欧州議会の承認も必要とされている現在、障害は増えている。

EU未加盟は世界との対話の可能性も狭めている。G20にはEUが二七カ国を代表して参加し、英独仏伊は単独でも加わり、ロシアやト

ＥＵ加盟をめぐって

Column❺

ルコもメンバーであるが、スイスには発言の機会はない。エネルギー危機が訪れたとき、ＥＵ未加盟国が資源の供給を十分に受けられるかどうかもわからないとされる。現在スイスは、食料市場や電力市場、温室効果ガスの排出権取引に関する交渉や、ガリレオ計画（全地球測位システム）への関与についての協議をＥＵとのあいだで進めているが、それは現実の必要に迫られてのことである。ところで二〇〇一年にスイス航空は営業停止（グラウンディング）の状態に陥ったが、それはＥＵの航空市場に自由に参入できず、諸外国の弱小航空会社を買収して対抗するなか、経営破綻に陥ったからである。結局スイス航空は、二〇〇七年にドイツのルフトハンザの傘下に入る。

現在、一〇〇万人以上のＥＵ市民がスイスで暮らし、四〇万人のスイス人がＥＵ諸国で生活しており、また一日に一三〇万人がスイス国境を越え、七〇万台の自動車と二万台のトラックが国境を出入りしている。こうした時代にスイスは対ＥＵ政策の再構築を求められている。

現代スイスには、「主権」をもつ農村邦と都市邦が次々に「盟約者団」に加盟した歴史をＥＵの歴史と重ね合わせ、ヨーロッパ規模の「盟約者団」としてのＥＵを受け入れるべきであると主張する知識人もいる。また現在のスイスをＥＵという「盟約者団」の「従属邦」になぞらえる歴史家もいる。国民党は「特殊例スイス」を強調してＥＵ加盟反対を唱えているが、その支持者は伝統的なタイプのスイス人である。自由民主党やキリスト教民主人民党は中間的であり、バイラテラル協定の継続を求めている。一方、社会民主党や緑の党のようにＥＵ加盟に賛成する政党もある。彼らもまた多くのスイス人の心をつかんでいる。

▼チューリヒ国際空港（写真＝スイス政府観光局）

おわりに

　最後に現代スイスが直面している主要な課題をあげておこう。何より問われているのは直接民主政の質の問題である。連邦政府が提案して二〇〇三年に国民投票を通過させ、同じく連邦政府がこんどは煩雑で実行不可能との理由で廃止を提案し、二〇〇九年の国民投票で葬った幻の法律イニシアティヴ制度すなわち「一般的国民発議」をめぐっては、投票者たちの主体性（のなさ）が問われた。他方、極端な内容の発議にあおられた投票結果もみられる。これは直接民主政の宿命であり、その克服は市民の良識に委ねられている。しかし、直接民主政をやめても解決にはならない。政府と議会に万事を委ねても、失政は防げないからである。

　個人負担の大きい健康保険制度に由来する不平等、少子高齢化、老齢遺族年金財政の悪化、年金受給額・受給開始年齢の調整の必要性も検討課題である。環境保護とエネルギー問題も長期的な課題である。また軍隊のあり方も同様である。二〇〇一年策定の中期計画（アーミーXXI）では軍事費が大きく減り、現役兵力は三六万から一二万になり、兵役期間も集中化して短くできる方式が導入された。それでも多くの政党がいっそうの改革を求め

ており、すでに述べたように軍隊自体の廃止や国民皆兵制から志願兵制度への転換を求める運動もある。国際社会が求める平和維持活動を重視する声もあるが、反対論も強い。国民党は伝統的な中立の原則に立って国外派兵に反対している。

いわゆるパートナーシップ法（二〇〇五年）を改正し、同性パートナーによる養子縁組を可能にするための運動も注目される。保守勢力は反対しているが、そもそも同法の可決時の国民投票賛成率（五八パーセント）自体、スイスにも新しい人間観や社会観が根づいていることを証明している。脱税や資金洗浄を助けてきたスイスの銀行特有の守秘義務の緩和（二〇〇九年）も、長期的な変化の結果である。国外で大きな利益をあげているスイスにとって、国際基準に適応するための努力は不可欠である。スイスは多くの面でヨーロッパの「特殊例」であるという自覚をもち、対外的にもそれを認めさせてきた。しかし同時に、内部的な改革を伴う国際協調の努力も重ねてきた。前述の種々の課題は、諸外国が直面している課題とも共通している。そうである以上、EU問題にせよ直接民主政問題にせよ、スイスは国内的な議論を積み重ねながら、グローバルな相互関係のなかで解決の道をみいだしていくであろう。かつてアルプスの岩山に道をつくり、急流に橋をかけて異文化世界との交流を求めた中世のスイス人たちと同じように。

右ページ　ウーリに残るザンクト・ゴットハルト峠道の跡（写真＝スイス政府観光局）

▼ティチーノのマッジャ川にかかる橋（写真＝スイス政府観光局）

現代スイスの23カントン

※バーゼル都市部・バーゼル農村部など6つの半カントンを1カントンと数えれば26カントンとなる。なお半カントンという用語は現行憲法では使われておらず、慣用的な表現である。

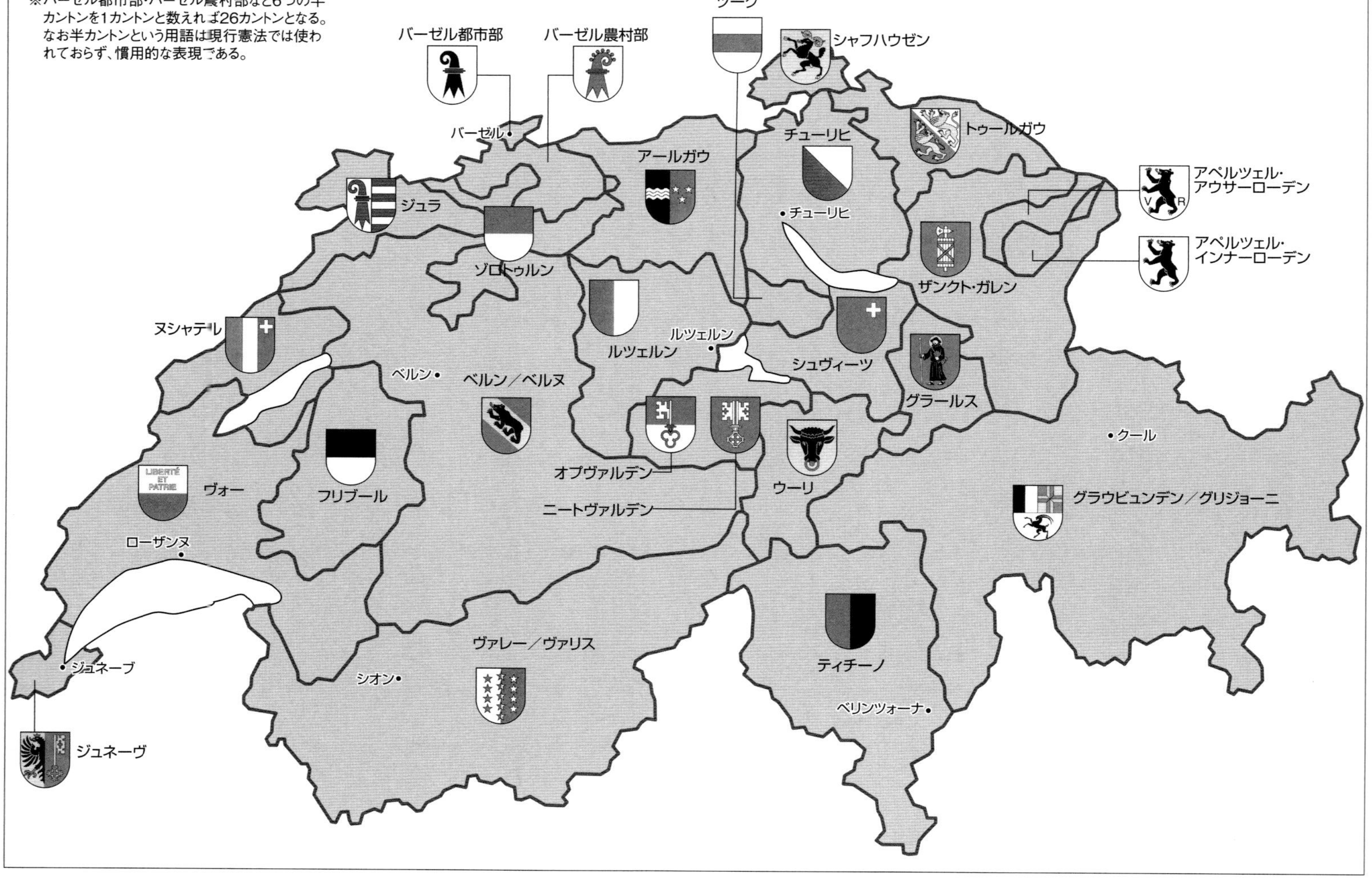

あとがき

　グローバル化がどれほど進んでも、人間は特定の地理的・文化的な境界の内側で国家や自治組織を形づくり、個性を主張しつづけている。EUのようなスプラナショナルな連合体が誕生する一方、小さな独立国家や自治州の数もますます増えている。ナショナリズムやリージョナリズムが火を噴いている場所も多い。そのため現代の歴史学は、方向性の異なる二つの課題を背負っている。古い国民国家の枠組みを超えた包括的な歴史叙述を提供しながら、それと同時に、ナショナルな、またローカルな地平にも目を配り、それらの細部を丹念に描き出すという課題である。このことはアジア・アフリカもヨーロッパも同じである。

　わが国の西洋史学とその成果を世に送り出してきた出版界は、英独仏などの大国に関しては詳細なナショナルヒストリーを提供する一方、小国については、残念ながら、しばしば付録のような扱いをしてきた。たとえばポルトガルはスペインと、スイスはオーストリアと同じ巻にまとめてきたのである。もちろん、これらの国々の隣接状況や歴史の共有を思えば、それはけっして間違ったことではない。他方、ドイツとフランスを同じ巻にまとめる企画は（まだ）ほとんどない。この二つの国も隣接しており、中世にさかのぼる長い共通の歴史を有するにもかかわらず、である。両国に関する歴史叙述が別々でなければならないのは、研究の層の厚さに加えて、両国の政治力、経済力、文化発信力の大きさゆえであろう。また日本人の多くが、大国や強国に憧れてきたからでもあろう。しかし、小国・小地域で生まれた制度や技術、文化のなかにも、また政策や実践的活動のなかにも、世界的な価値のあるもの、宝石のように輝くものが無数にある。

　スイスのような小国の歴史だけで一書を構成する企画をたてた河出書房新社には歴史を見る眼がある。本書の読者は、ドイツ史やフランス史を学ぶだけではわからないヨーロッパ世界の多様性ないし個性を知り、かつ、ヨーロッパを貫く共通の「芯」のようなものを見つけだすことができるであろう。筆者はこの小著を書くのに三年を費やした。中世史も現代史も学び直し、新しい事典や白書を調べ、スイス各地を訪れて観察を試みた。そして先学たちの通史を何度も読みかえした。概説や通史は、読むのはやさしいが、自分の力で書くのはおそろしく難しい。やさしく書くことにも労苦を伴う。噛み砕いた表現を用いれば字数が増え、字数が増えれば結局は読みにくくなるからである。スイスのように言語も文化も多様な国についてはなおさらである。ともあれ、本書を刊行することができて筆者は心から喜んでいる。この企画の担当者である編集部の渡辺史絵氏は、遅々として進まない筆者の仕事を忍耐強く見守り、原稿の細部を点検し、事実の綿密な確認や記述の改良のための助言をつうじて本書の完成度を高めてくれた。この「あとがき」は、そのことについて感謝の気持を記す目的もあって、本文の脱稿後、約束の原稿枚数をかなり超過していながら、是非にとお願いして付け加えたものである。

二〇一一年初夏　踊 共二

1848	連邦憲法の制定（レファレンダムとイニシアティヴも導入）
1852	鉄道法制定
1864	日瑞修好通商条約
1872	鉄道国有化のための鉄道法改正
1874	連邦憲法の全面改正
1877	連邦の工場法の制定
1914～18	第一次大戦（スイスは国境防衛を強化）
1918	スイス社会民主党に指導されたゼネスト
1919	比例代表制による国民議会選挙
1920	国際連盟への加盟と「制限中立」への移行
1931	世界恐慌の影響がスイスにも及ぶ
1933	ドイツでヒトラーが政権を掌握（スイスでも右翼運動が活発化）
1938	枢軸国に配慮して「絶対中立」に戻る
1939～45	第二次大戦（スイスは総動員態勢の武装中立）
1942	国境封鎖（ユダヤ人難民の入国を拒む）
1947	老齢遺族年金保険の導入
1959	連邦内閣を四大政党で構成、「魔法の公式」と呼ばれる
1968	学生運動が広がる
1971	連邦レベルで女性参政権が認められる
1973	石油危機と景気の後退
1979	カントン・ジュラがベルンから分離（国民投票による承認は前年）
1986	国連加盟案を国民投票で否決
1992	ヨーロッパ経済地域（EEA）への参加案を国民投票で否決（EC加盟申請も断念）
1993	EUの誕生
1994	アルプス・イニシアティヴ、可決（環境保護政策の強化）
1997	EU加盟交渉を求めるイニシアティヴ、否決（2001年にも提案され、再び否決）
1999	ルート・ドライフスがスイス初の女性大統領となる。EUとの第1次バイラテラル協定（2004年に第2次協定）
2000	連邦憲法の全面改正（国民投票の可決は前年）
2001	ベルジエ委員会が大戦中のスイスの行動を解明する報告書を完成
2002	国連加盟、国民投票で可決
2003	「魔法の公式」の崩壊
2005	シェンゲン協定・ダブリン協定への参加案を国民投票で可決（2008年から実施）
2010	ゴットハルト基底トンネルが貫通

1436～50	古チューリヒ戦争（盟約者団の内紛）
1474～77	ブルゴーニュ戦争にスイス諸邦が勝利（スイス傭兵の需要が増大）
1481	シュタンス協定（フリブールとゾロトゥルンが盟約者団の正式邦となる）
1494	フランス王シャルル８世がイタリア戦争を始める（盟約者団も南進し、アルプスの南に共同支配地を獲得）
1499	シュヴァーベン戦争（神聖ローマ帝国からのスイス諸邦の自立化が進む）
1501	バーゼルとシャフハウゼンが盟約者団の正式の邦となる
1511	教皇ユリウス２世の神聖同盟（スイス傭兵も用いてフランスに対抗）
1519	ツヴィングリがチューリヒに着任
1513	アペンツェルが盟約者団の正式の邦となる（一三邦同盟時代の始まり）
1521	フランスとの傭兵契約同盟
1523	チューリヒの公開討論会、宗教改革の前進（同じ時期、農村部では騒擾が広がる）
1525	再洗礼派の誕生
1529	第一次カッペル戦争と第一平和条約（改革派の優位）
1531	第二次カッペル戦争と第二平和条約（カトリックの優位）
1536	ジュネーヴにカルヴァンが到来。『第一スイス信仰告白』（ドイツ語圏のみ）
1545～63	トレント公会議とカトリック改革（スイスではミラノ大司教カルロ・ボロメオが1570年に改革案を示す）
1546-47	ドイツのシュマルカルデン戦争（スイスは中立）
1555	アウクスブルク宗教平和（スイスの改革派は非公認）
1566	『第二スイス信仰告白』（ツヴィングリ派とカルヴァン派の協調）
1586	カトリック諸邦の黄金同盟（翌年にはスペインと同盟）
1618～39	グラウビュンデン紛争
1647	ヴィール防衛軍事協定（武装中立への歩み）
1648	ウェストファリア条約（スイスの自立性の国際的承認）
1653	スイス農民戦争
1656	第一次フィルメルゲン戦争と第三平和条約（カトリック優位の確認）
1685	フランスのユグノー迫害（ナント王令の廃止）とスイスへの亡命者の増加
1712	第二次フィルメルゲン戦争と第四平和条約（改革派の優位）
1738	ジュネーヴで市民総会が復活（ブルジョワの要求）
1755	ルソーが『人間不平等起源論』を出版
1761	ヘルヴェティア協会が創設される
1781	ジュネーヴで代議制の実現を求める蜂起
1789	フランス革命の始まり（スイスにも波及）
1798	ヘルヴェティア革命（18カントンの中央集権国家）
1803	ナポレオンの「調停法」とスイスの「小復古」
1814～15	ウィーン会議とスイスの永世中立の国際的承認（スイスでは「同盟規約」による「大復古」時代が始まる）
1830	パリの七月革命とスイスにおける「自由主義の再生」運動
1847	チューリヒ・バーデン間に鉄道が開通（民間鉄道）。分離同盟戦争と保守派諸邦の敗北

●スイス史略年表

BC	
1万2000年頃	スイスにホモ・サピエンスが出現
2000年頃	青銅器時代の始まり
8世紀	鉄器時代の始まり
107	ケルト系のヘルウェティイ族がアジャン近郊でローマ軍を破る
58	ローマのカエサルがヘルウェティイ族を服従させる（植民都市の建設とローマ化の進行）
15	ローマがラエティアを平定する
AD	
260	ゲルマン人がリーメスを越えてローマ領に侵入
401	ローマ軍がスイスを去る
436	ブルグント族がサヴォワ方面に移動
476	西ローマ帝国の滅亡
496	アレマン族が南ドイツ・スイスに定住
534	フランク王国がスイス西部のブルグント王国を編入
773	フランク王国がランゴバルド王国を征服、ラエティアにも進出
843	ヴェルダン条約
870	メルセン条約
962	オットー大帝がローマ皇帝となる（神聖ローマ帝国の成立）
1033	神聖ローマ皇帝コンラート2世がブルグント王を兼ねる（スイス全域が神聖ローマ皇帝の支配を受ける）
1173	ツェーリンゲン家がチューリヒとウーリの帝国代官職を得る
1200頃	ザンクト・ゴットハルト峠が開かれる。
1218	ツェーリンゲン家の断絶。チューリヒ、ベルン、ゾロトゥルンが帝国都市となる
1231	ウーリが自由特許状を得て帝国直属となる
1240	シュヴィーツも帝国直属となる
1243	ベルンがフリブールと同盟を結ぶ（ブルグントの盟約者団の形成）
1264	キーブルク家が断絶し、ハプスブルク家が所領を継承（スイス中央部に支配を広げる）
1273	ハプスブルク家のルドルフ1世がドイツ王となる
1291	スイス原初三邦（ウーリ、シュヴィーツ、ウンターヴァルデン）の永久同盟
1309	ルクセンブルク家の神聖ローマ皇帝ハインリヒ7世が原初三邦の帝国直属の特権を承認
1315	モルガルテンの戦いでウーリとシュヴィーツの軍勢がハプスブルク軍を破る（原初三邦は永久同盟を更新）
1332	ルツェルンが原初三邦と同盟（森林四邦の連帯）
1336	チューリヒでツンフト革命が起きる
1351	チューリヒが森林四邦と同盟
1352	グラールス、ツークとの同盟
1353	ベルンとの同盟（八邦同盟時代の始まり）
1370	坊主協定（盟約者団の領域意識が深まる）
1386	ゼンパハの戦いでスイス諸邦がハプスブルク軍を破る
1415	スイス諸邦がハプスブルク家からアールガウを奪う（最初の共同支配地）

Hans Conrad Peyer, Verfassungsgeschichte der alten Schweiz, Zürich 1978

Julie Paucker und Peer Teuwsen (Hg.), Wohin treibt die Schweiz? Zehn Ideen für eine bessere Zukunft, München 2011

Volker Reinhardt, Geschichte der Schweiz, München 2006

* Ulrich Rolf et al., Geschichte des Kantons Zürich, 3 Bde., Zürich 1995

* Roger Sablonier, Gründungszeit ohne Eidgenossen. Politik und Gesellschaft in der Innerschweiz um 1300, Baden 2008

Gerald Schneider, Vom Sonderfall zum Normalfall. Eine Einführung in die Außenpolitik der Schweiz, Zürich 1998

Christian Schütt (Redaktion), Chronik der Schweiz, Zürich 1987

* Christophe Seiler und Andreas Steigmeier, Geschichte des Aargaus, 2. Aufl., Aarau 1998

* Klaus Speich und Hans R. Schläpfer, Kirchen und Klöster in der Schweiz, Zürich 1978

* Peter Stadler, Epochen der Schweizergeschichte, Zürich 2003

Lukas Vischer et al. (Hg.), Ökumenische Kirchengeschichte der Schweiz, Basel 1994

ウェブサイト

スイス連邦政府	http://www.admin.ch
スイス連邦議会	http://www.parlament.ch
スイス連邦統計局	http://www.bfs.admin.ch
スイス政府観光局	http://www.myswiss.ch
スイス放送協会の国外向け情報サイトSwissinfo	http://www.swissinfo.ch

地図製作・平凡社地図出版、小野寺美恵

欧文事典・歴史地図・統計資料

＊ Historisches Lexikon der Schweiz, hg.v. der Stiftung HLS, Bd. 1ff., Basel 2002ff.［刊行中］（HLSと略記）

Historischer Atlas der Schweiz, Aarau 1951

Leo Schelbert, Historical Dictionary of Switzerland, Lanham, Maryland / Toronto/Plymouth, UK 2007.

＊ Statistisches Jahrbuch der Schweiz 2011 / Annuaire statistique de la Suisse 2011, hg. v. Bundesamt für Statistik, Zürich 2011

Schweiz-Lexikon. Sach- und Sprachlexikon zur Schweiz, 4. Aufl., hg. v. M. Kühntopf, Norderstedt 2008.

Die Schweiz in ihrer Vielfalt 2009 / 2010, Hallwag Kümmely & Frey 2009

図録

Peter Barber, Switzerland 700. Treasures from the British Museum to celebrate 700 years of the Swiss Confederation, London 1971

Catherine Cardinal et François Mercier, Musées d' horlogerie. La Chaux-de-Fonds et Le Locle, Genève / Zürich 1993

＊ Walter Dettwiler, Wilhelm Tell. Ansichten und Absichten, Schweizerisches Landesmuseum, Zürich 1991

＊ Carl Pfaff, Die Welt der Schweizer Bildchroniken, Schwyz 1991

＊ Ingo F. Walther, Codex Manesse. Die Miniaturen der Großen Heidelberger Liederhandschrift, Frankfurt am Main 1988

＊ Lucas Heinrich Wüthrich (Hg.), Merian Topographia Germaniae. Schweiz 1654, Basel 1960

＊ Klaus Speich und Hans Schläpfer, Kirchen und Klöster in der Schweiz, Zürich 1978

欧文参考書

Georges Andrey, L' Histoire de la suisse pour les nuls, Paris 2007

Max Bandle, Auszug aus der Schweizer-Geschichte nach Karl Dändliker, 6. ergänzte Aufl., Zürich 1985

＊ Ulrich Bister und Urs B. Leu, Verborgene Schätze des Täufertums, Herborn 2001

＊ Christoph H. Brunner, Glarner Geschichte in Geschichten, Glarus 2004

Johannes Dierauer, Geschichte der schweizerischen Eidgenossenschaft, Gotha 1887-1917

Dieter Fahrni, Geschichte der Schweiz. Ein hitorischer Abriss von den Anfängen bis zur Gegenwart, Zürich 1982

＊ Stephen Halbrock, Die Schweiz im Visier. Die bewaffnette Neutralität der Schweiz im Zweiten Weltkrieg, Schaffhausen 1999

＊ Brigitte Hamann, Elisabeth. Kaiserin wider Willen, 12. Aufl., München 2010

Hanno Helbling et al., Handbuch der Schweizer Geschichte, Bd.1, Zürich 1972, Bd.2, Zürich 1977

Manfred Hettling et al., Kleine Geschichte der Schweiz. Der Bundesstaat und seine Traditionen, Frankfurt am Main 1998

Ulrich Im Hof, Geschichte der Schweiz, Stuttgart 1974

＊ Ulrich Im Hof, Die Schweiz. Illustrierte Geschichte der Eidgenossenschaft, Stuttgart 1984

＊ Ulrich Im Hof et al., Geschichte der Schweiz und der Schweizer, Basel 2006（GSSと略記）

＊ Rudolf Kamm, Glarus zwischen Habsburg und Zürich. Die Entstehung des Landes im Spätmittelalter, Baden 2010

＊ Georg Kreis, Mythos Rüthli. Geschichte eines Erinnerungsortes. Mit zwei Beiträgen von Josef Wiget, Zürich 2004

＊ Joëlle Kuntz, L' histoire suisse en un clin d' oeil, Genève 2006

＊ Volker Leppin, Das Zeitalter der Reformation, Darmstadt 2009

Thomas Maissen, Geschichte der Schweiz, Baden 2010

＊ Werner Meyer, 1291. Die Geschichte. Die Anfänge der Eidgenossenschaft, Zürich 1970

Hans Nabholz und Paul Kläui (Hg.), Quellenbuch zur Verfassungsgeschichte der Schweizerischen Eidgenossenschaft und der Kantone von den Anfängen bis zur Gegenwart, Aarau 1940

Grégoire Nappey / illustrations de Mix & Remix, Histoire suisse, Lausanne 2007

●参考文献・ウェブサイト一覧

図版の出典には＊を付した。
スイス政府観光局提供の写真資料は掲載ページに注記している。

和書

阿部汎克『スイス――虚像と実像』（毎日新聞社・1981年）
岩井隆夫『近世スイス農村市場と国家』（中央印刷出版部・2002年）
岡本三彦『現代スイスの都市と自治――チューリヒ市の都市政治を中心として』（早稲田大学出版部・2005年）
踊共二『改宗と亡命の社会史――近世スイスにおける国家・共同体・個人』（創文社・2003年）
踊共二・岩井隆夫編『スイス史研究の新地平――都市・農村・国家』（昭和堂・2011年）
黒澤隆文『近代スイス経済の形成――地域主権と高ライン地域の産業革命』（京都大学学術出版会・2002年）
黒澤隆文編訳『中立国スイスとナチズム――第2次大戦と歴史認識』川崎亜紀子・尾崎麻弥子・穐山洋子訳著（京都大学学術出版会・2010年）
小林武『現代スイス憲法』（法律文化社・1989年）
スイス政府編著『民間防衛――あらゆる危険から身をまもる』［1969年版］原書房編集部訳（原書房・1995年）
関根照彦『スイス直接民主制の歩み――疑わしきは国民に』（尚学社・1999年）
瀬原義生『スイス独立史研究』（ミネルヴァ書房・2009年）
矢田俊隆・田口晃『オーストリア・スイス現代史』（山川出版社・第2版・1995年）
田中彰『小国主義――日本の近代を読みなおす』（岩波新書・1999年）
出村彰『スイス宗教改革史研究』（日本基督教団出版局・1971年）
出村彰『カルヴァン――霊も魂も体も』（新教出版社・2009年）
出村彰『ツヴィングリ――改革派教会の遺産と負債』（新教出版社・2010年）
中井晶夫『初期日本・スイス関係史――スイス連邦文書館の幕末日本貿易史料』（風間書房・1971年）
中井晶夫『ドイツ人とスイス人の戦争と平和――ミヒャエーリスとニッポルト』（南窓社・1995年）
福原直樹『黒いスイス』（新潮新書・2004年）
美根慶樹『スイス――歴史が生んだ異色の憲法』（ミネルヴァ書房・2003年）
宮下啓三『中立をまもる――スイスの栄光と苦難』（講談社・1968年）
宮下啓三『ウィリアム・テル伝説――ある英雄の虚実』（日本放送出版協会・1979年）
宮下啓三『700歳のスイス――アルプスの国の過去と今と未来』（筑摩書房・1991年）
森田安一『スイス――歴史から現代へ』（刀水書房・3補版・1994年）
森田安一『スイス中世都市史研究』（山川出版社・1991年）
森田安一編『スイス・ベネルクス史』（山川出版社・新版・世界各国史・1998年）
森田安一編『スイスの歴史と文化』（刀水書房・1999年）
森田安一『物語スイスの歴史――知恵ある孤高の小国』（中公新書・2000年）
森田安一編『岐路に立つスイス』（刀水書房・2001年）
森田安一・踊共二編『ヨーロッパ読本――スイス』（河出書房新社・2007年）
渡辺孝次『時計職人とマルクス――第1インターナショナルにおける連合主義と集権主義』（同文舘出版・1994年）
渡辺久丸『現代スイス憲法の研究』（信山社・1999年）
ウルリヒ・イム・ホーフ『スイスの歴史』森田安一監訳（刀水書房・初版2刷・2003年）
ポール・ギショネ『フランス・スイス国境の政治経済史――越境、中立、フリー・ゾーン』内田日出海・尾崎麻弥子訳（昭和堂・2005年）
エーテル・コッハー／ハンス・アマン『赤十字の父アンリー・デュナン』久頭見和夫訳（春風社・2005年）
ハンス・コーン『ナショナリズムと自由――スイスの場合』百々巳之助・浦野起央訳（アサヒ社・1962年）
アンドレ・シーグフリード『スイス――デモクラシーの証言』吉阪俊蔵訳（岩波書店・1952年）
シラー『ヴィルヘルム・テル』桜井政隆・桜井国隆訳（岩波文庫・1957年）
ロレンツ・ストゥッキ『スイスの知恵――経済王国・成功の秘密』吉田康彦訳（サイマル出版会・1974年）
ハンス・チェニ『現代民主政の統治者――スイス政治制度とロビイストたち』小林武訳（信山社出版・1999年）
フリッツ・ビュッサー『ツヴィングリの人と神学』森田安一訳（新教出版社・1980年）
アルフレート・ヘスラー『ミグロの冒険』山下肇・山下万里訳（岩波書店・1996年）
バルバラ・ボンハーゲ他『スイスの歴史――スイス高校現代史教科書〈中立国とナチズム〉』スイス文学研究会訳（明石書店・2010年）
ロジャー・モッティーニ『未知との遭遇――スイスと日本』森田安一訳（彩流社・2010年）

◉著者略歴

踊共二（おどり・ともじ）

武蔵大学人文学部教授。一九六〇年、福岡県生まれ。早稲田大学大学院博士課程満期退学。博士（文学・早稲田大学）。専攻は中近世ヨーロッパ史。単著として『改宗と亡命の社会史 近世スイスにおける国家・共同体・個人』（創文社）、共編著として『ヨーロッパ読本 スイス』（河出書房新社）、『スイス史研究の新地平 都市・農村・国家』（昭和堂）、共訳書としてウルリヒ・イム・ホーフ『スイスの歴史』（刀水書房）などがある。

ふくろうの本

図説 スイスの歴史

二〇一一年八月二〇日初版印刷

二〇一一年八月三〇日初版発行

著者…………………踊共二

装幀・デザイン………日高達雄＋伊藤香代（蛮ハウス）

発行者………………小野寺優

発行…………………河出書房新社

東京都渋谷区千駄ヶ谷二-三二-二

電話 〇三-三四〇四-一二〇一（営業）

〇三-三四〇四-八六一一（編集）

http://www.kawade.co.jp/

印刷…………………大日本印刷株式会社

製本…………………加藤製本株式会社

Printed in Japan

ISBN978-4-309-76173-2

落丁・乱丁本はお取替えいたします。